經 如來真實義

吳燿宗／作者

作者簡介

吳耀宗，台灣台南人，一九五四年生，年輕時對佛經很感興趣，曾到處聽聞佛法，但聽來的佛法，總是與自己看過的佛經不相干，也常參訪幾位師長，還是無法看懂任何一本佛經，後來得到一位師叔長輩的指點，直接從佛經去了解﹝如來真實義﹞。終於在六祖壇經中的﹝不識本心，學法無益，若識自本心，見自本性，即名丈夫、天人師、佛。﹞深刻體會﹝若不識本心，學法何為？﹞，因之以﹝識本心﹞為主，不求玄法、不求多聞、不求知見、不求餘事，唯悟﹝本心﹞。從六祖壇經明心性後，再觀其他經典，皆能一一貫通，乃將修學心得，一一寫下，經由釋如瑩法師幫忙彙編成書，著有〔徹見本心〕、〔徹見本心問答集〕、〔本地風光〕、〔般若之光〕、〔般若心經導讀〕、〔心經如來真實義〕等〔平常人佛法文集〕，講經十五年於台北、南投、台南、高雄、花蓮等地。講述圓覺經、六祖壇經、維摩詰經、達摩論、大乘楞伽經、解深密經、諸法無行經、無染覺性直觀自行解脫之道、心經……等等二十餘部，並著其導讀。

心經 如來真實義

本書不同於一般心經的翻譯或解讀的書，他是一本以如來真實義導讀的書，可以讓吾人很容易的看懂心經，同時啟發自己原本就俱足的般若智慧（清淨智慧），不受世間有為法的影響，能當下出世間見法界，當下得法眼清淨。

或許，你可以很快的看完這本書，但是你會發現它是在與你的內心對話，把被你世間見解深藏很久很久的本心發掘出來，或許被你遺忘了，但本心依然在，從未離開過。

如果你第一次沒看懂，沒關係！再回頭多看幾次，相信你只要識得字，不太可能看不懂，因為這些篇章都是從本心流露出來的，雖然大家的習性不一樣，但是本心平等無異，乃至佛、菩薩、眾生並無不同，佛經曰：心、佛、眾生三無差別。

不管你是久學者，還是初學者，不管是出家修行者或在家居士，乃至只是一般路人，都可能在當下開悟，或許有人不懂甚麼是佛法，但是他日常生活常行於佛法中，或許有人修行十年、數十年，只知道佛教，而不知佛法，故不能行於佛法中。

很多佛教徒從不看佛經，或看不懂任何一本佛經，一切修行都只是道聽途說，或師父、老師說得算，這是對自己的修行最不負責任的行為，修行了十幾、數十年後，卻發現與任何一部佛經都不相契，這能算是佛弟子或佛法修行者嗎？佛經又名契經，若修行法門不能契經，那佛經還有何用？所以修行法門必須能與佛經相契，修行才算真正的開始。

自序

很多學佛法的修學者，雖然修行了三、五年、十年，乃至二、三十年，也奉獻了金錢、時間、精力，甚至拋棄了家庭，出家去追求佛法，卻無法真正看懂任何一本佛經，乃至看不懂只有260字的心經，或以為自己看懂了，然而卻與其他佛經產生矛盾，不能貫通，這表示還不是真懂。

為什麼一字字都識得，但就是不能了解如來真實義，其實就是基本的觀念錯誤，佛經稱為〔顛倒見〕。因為〔顛倒見〕，所以才有了〔正知見〕這個名稱。以顛倒見當然就無法看懂正知見的語句，諸佛如來總是苦口婆心的重宣、復述正知見，深恐我們看不懂，絕不會故意作謎語讓我們猜或打迷糊戰。因此我們必須認真地，放下自己的顛倒見解，將顛倒見轉成正知見，當有了正知見，我們會發現佛經，沒有想像的困難，很容易懂，而且能貫通佛所說十二部經，乃至達摩論、六祖壇經、以及所有覺悟者所說的論。

因此，本書的篇章大都是顛倒見與正知見的轉捩點，能讓大家轉成正知見，了知正知見的當下，即刻明白了〔正知見〕是自己本來就有的，並不是從外面得到的。正知見是真理，因為真理是遍存的，或曰：本有的，只是被欲望、妄想掩蓋了。

正知見是真理的闡述，是超越宗教的。宗教最早的道教迄今大約五千年，佛教兩千五百餘年，其他基督教、伊斯蘭教也只有兩千多年、而真理的存在已不知幾億年了，應該更早，所以真理不是任何聖人發明的，而是聖人發現真理，因而設教說法，讓眾人認識真理，避免違背真理，而生諸苦厄。所以正知見不只是佛教徒要學習的，所有人都要學習，或商人、學生或上班族，能在生活中，包括上班、休閒、睡覺，於一切時中，都能沒煩惱，心更安穩、清涼，實踐生活就是修行、修行就是生活，這種修行不須刻意、沒有勉強、沒有委屈，所謂〈無修而自修〉。

佛法不是犧牲今生成就來生的法門，佛法是成就今生與來生的法門，更精準地說，佛法是超越三世的。

願此書的出版，能讓讀者，認識自己，認識自心，原來自己本來就有與佛一樣的功德，不再被慾望埋沒。

《心經 如來真實義》目錄

⊙如來真實義　體悟篇（參）

⊙如來真實義　體悟篇（陸）

摩訶般若波羅蜜多心經導讀

緣起

《般若波羅蜜多心經》（梵文：Prajnāpāramitā Hṛdayasūtra），又稱《佛說摩訶般若波羅蜜多心經》、《摩訶般若波羅密多心經》，簡稱《般若心經》、《心經》，是般若經系列中一部極為重要的經典。

摩訶般若波羅密多心經，雖然全文只有260字，是一部廣為流傳的經典，也是每個佛教徒，都常接觸到的一部經典。也有很多人抄寫「心經」無數次，但是了解其中實義的人卻不多；坊間也有很多「心經」的註譯本，其間大部分是「相說」充斥。

然佛經都屬「無相說」，無相說即無相法，無相法即心法，所以觀經者雖然試著由這些註譯本，要更進一步了解「心經」，但是歷經數年乃至數十年還是對「心經」一知半解，無法透悉其中實義，乃至有人認為自己已經了解了，但卻不能貫徹通達於其他經典。如果是這樣的話，代表他還是入於「相說」佛法中卻不自知，所謂：相說非佛說。嚴格的說，如果不了解「無相」佛法的修行者，是名「著相修行」。再者，無相法就是心法，也就是心經所要表達的心法。

心經是一部了義經，了義經必能貫通佛所說一切法，乃至一切經。因此，註文解說此「心經」無相法之實義。冀望能讓更多浸沉於「有相」佛法的人得到真正的開悟，依般若波羅蜜多故，遠離顛倒夢想，進而了脫生死，究竟涅槃（畢竟不生不滅）。了脫生死是明白本無生死，無生死即是涅槃（不生不滅），並非離開生死而取涅槃，當瞭解了本無生死，隨即知自性本自涅槃。

「般若波羅蜜多」（梵文：Prajnāpāramitā）直譯為出世間的清淨智慧，到達生死解脫的彼岸，代表能以出世間的清淨智慧，親證本有的般若智慧。因為它是本有的，所以只要證明般若智慧的存在，即可超越生死苦海，到達不生不滅的究竟解脫境界。般若智慧，不會因為作眾生它就消失，成佛它就出現，般若智慧，從來沒有消失過，只是因無明而不覺不知，所以只須證明「般若智慧」即可，因為本自有之，故得時不曰「得」。因為從未消失故，只是自己無明不能見。譬如：夢中遺失了寶物，及醒時了無所失，故亦不曰「得」、不曰「證」，所謂無證無得也，如是假名「證道」、「得道」，實是無所證亦無所得。

吳耀宗寫於台灣．台南

導讀前言

導讀的意義，在於引導觀經者脫離「相說」的世間法，以無相的出世間法來觀此經，也唯有無相出世法，方能通徹此心經，何況相說非佛說，所謂：實相無相。

世尊說法會儘可能的讓眾生能清楚的瞭解經（語）意，絕不會作謎語讓大家猜，也不會故作謎團讓大家參悟。一般參公案的法門，是禪師為了開啟弟子另一面向的思維，而設的法門。所以世尊常常重宣、復誦，冀使眾生能更加了解，如果能了解「無相」法，則此「心經」就像白話文一樣，清清楚楚，不會有朦朧的語意。因此，當能了解「無相」法後，就不要再看此

「導讀」了。直接看經文，你將發現心經真的是白話文，只是以眾生「世間相法」的觀念，根本無法理解。心經中所說「出世間法」，出世間法則無眼、耳、舌、鼻、身、意及無色、聲、香、味、觸、法亦無眼識、耳識、鼻識、舌識、身識、意識等十八界。亦無、苦、集、滅、道四聖諦，無無明亦無無明盡，乃至無老死亦無老死盡等十二因緣。然而，阿含經卻說苦集滅道四聖諦（阿含經是從有相入空、無相、無作的另一種法門），而且世間相法也儘有老死等如是法，因此，於出世間法與世間法產生矛盾不解；或有以「相法」勉強解說，把原經意誤解一番，然後就盲修瞎練，到頭來原是誤會一場，誠為可惜！

觀經時，不要看文字的表面意義，要諦觀（觀想）文字所表達的內心境界，這樣才能體會「無相」的佛法。譬如：要觀看「標月指」所指的方向，不可只看「標月指」，方能徹見月亮。佛經即是「標月指」。

如何判斷是「相法」？如何知是「無相法」？「相法」者，即世間法，是有相、有為、有能、有所，修行時不能不間斷，常生疲憊，修行與生活不能結合。「無相法」者，即出世間法，是無相、無為、無能、無所，修行能十二時中無有間斷，無得疲憊；修行就是生活；生活就是修行。

常見說法者，講經時講得還不錯，但修行時是一套，日常生活又是另一套，經典、修行、生活三種不能相融。佛法修學，必需是修行、生活完全結合在一起，並且默契佛經，三者一體不可分，這樣才能十二時中修行無有間斷。

更重要的，佛法不是犧牲此生成就來生的法門，而是修行的當下必能圓滿今生與來生，乃至超越過去、現在、未來三世，進而能體會三世了不可得。

如果看完本導讀，還是無法通徹「心經」，那麼強烈建議讀者多邀幾個同修好友，一起用讀書會的方式進行討論本導讀，相信一定能讓你徹悟「心經」，且貫通一切法，徹見本心。六祖慧能曰：「不識本心，學法無益。」

心經導讀

摩訶般若波羅蜜多心經

觀自在菩薩，行深般若波羅蜜多時，照見五蘊皆空，度一切苦厄。舍利子，色不異空，空不異色；色即是空，空即是色。受、想、行、識，亦復如是。舍利子，是諸法空相，不生不滅，不垢不淨，不增不減，是故空中無色，無受、想、行、識；無眼、耳、鼻、舌、身、意；無　色、聲、香、味、觸、法；無眼界，乃至無意識界；無無明，亦無無明盡；乃至無老死，亦無老死盡。無苦、集、滅、道，無智亦無得，以無所得故。菩提薩埵，依般若波羅蜜多故，心無罣礙，無罣礙故，無有恐怖，遠離顛倒夢想，究竟涅槃。三世諸佛，依般若波羅蜜多故，得阿耨多羅三藐三菩提。故知般若波羅蜜多，是大神咒，是大明咒，是無上咒，是無等等咒，能除一切苦，真實不虛。故說般若波羅蜜多咒，即說咒曰：揭諦、揭諦，波羅揭諦，波羅僧揭諦，菩提薩婆訶。

心經有很多名稱，因為含義很廣，所以我們用比較完整的經文名稱來解說，方不遺漏，全經文名稱大約有以下兩種：

一者曰：摩訶般若波羅蜜多心經。二者曰：般若波羅密多心陀羅尼。

所謂摩訶般若波羅蜜多心經。摩訶曰大，因為非一般大小的大，而中文又找不到足以翻譯的文字，所以不翻譯，是多義不翻；摩訶之大，是指凡有相或能以數字表達出來的大，都不能稱為摩訶，因為都是有相對的「大小」。摩訶是絕對的大，是無邊無際的大，世間沒有可以形容的。虛空雖無邊，但仍不足以形容它，所以只有「心」可以稱摩訶，為什麼？因為當「心」無所執著時，試問心量有多大？其實也不能以世間有為（有相）的「大小」來測量它，它是無邊的，它能納虛空。佛經常以「虛空」來形容它，因為只有用世間有為（有相）的東西形容，才能讓眾生體會它。更精準的說，應該說心如「虛空」而無虛空之相。

般若者，智慧也，它不是一般的世智聰明，而是一種出世間的清淨智慧，不為世間所迷惑的清淨智慧，只要不執著於世間諸相，此清淨智慧自然顯露，它能照破世間種種無明。從另一角度來看，它是被無明所掩蓋，只要去除執著世間諸相所產生的無明（或體悟本無無明），此清淨智慧自然顯露，因為此清淨智慧作眾生時並沒有消失，只是眾生不覺不知而已。

般若本身也具有摩訶之意，因為有絲毫執著就不能生清淨智慧，就不能稱為「般若」；若無所執著，則其心自然大如虛空，即俱「摩訶」之意。所以有些心經的名稱，就沒有「摩訶」

之名稱，唯譯成「般若波羅蜜多心經」。

波羅蜜多者，直譯為「到彼岸」。印度佛教把世間苦海稱為此岸，而出世間、或曰法界、或曰極樂、或曰涅槃，統稱為彼岸。也就是離苦得樂，圓滿成就，稱為到彼岸。

心者，「心」（梵文：Hṛdaya）有密咒、真言、陀羅尼的含意，因此可譯為心陀羅尼、心咒。

「摩訶般若波羅蜜多心經」的意義即是：以如虛空之清淨智慧，度過娑婆苦海，到清淨極樂彼岸的真言。

所謂般若波羅密多心陀羅尼。陀羅尼者，又曰陀羅那，陀鄰尼。譯作持、總持、真言、能持善、能遮惡。陀羅尼因為蘊含多重意義故不翻，也有勉強翻譯成咒，常被當成咒術使用，當然咒術也具有暫時安心的作用，是方便法，但非究竟，若使用不當，易成迷信。

總持的意義是說，雖持一法，而能總持萬法；也就是說，雖然僅修持陀羅尼門，然實已同時修持了一切佛法的究竟了義處，沒有遺珠（法）之憾；換個角度來說，所有的法門必須能到達究竟處，方為圓滿，否則，皆非圓覺經所說的如來決定境界，所以說，此經能貫通一切佛所說經，也能知一切菩薩法的修行方式。譬如一個見月者，以月亮的立場，能徹見所有「標月指」全部都無誤的指向月亮，諸經即是「標月指」。

有句話說：「佛經裡沒有佛法，而佛法確由佛經出。」意思就是說，「標月指上沒有月亮，而月亮確由標月指指出。」若能了解「如來真實義」，隨時隨處皆能以一切法而作佛法。譬如見月者，隨時隨處用任何方法，皆能指出月亮所在處。換句話說，了解「如來真實義」者，不須假藉經典，而能說如來義、能行如來行。故曰：「大丈夫自有衝天之志，不向如來行處行。」

陀羅尼又有「佛之真言」之意，也就是「如來真實義」。因此，「般若波羅蜜多心陀羅尼」的意義即是：以如虛空之清淨智慧，度過娑婆苦海，到清淨極樂彼岸的真言。

此兩種經題，名稱雖不同，其意義完全相同。

心經曰：**觀自在菩薩，行深般若波羅蜜多時，照見五蘊皆空，**

度一切苦厄。

「心經」是觀世音菩薩在佛處與舍利子（舍利弗）說法，為佛所讚賞認可的。所以觀自在菩薩不是稱呼自己，觀自在菩薩不是菩薩的名稱，而是「內心境界」的名稱。任何修行者到這一個境界，就可稱為觀自在菩薩。而觀世音菩薩，就是到這個境界，乃至已經超越這境界的菩薩，菩薩皆以其功德性而命名之。

行深般若波羅蜜多時，是說以無邊大心量的清淨智慧，超越生死苦海，至涅槃彼岸，並且圓滿成熟。「行深」是指圓滿成熟這個彼岸的境界，此時即能照見五蘊皆空。照見五蘊皆空，即能度一切苦厄。因為一切的苦厄，是因色、受、想、行、識五蘊而起，若能真實的了解五蘊皆空的道理，那麼一切苦厄自然消彌，不須任何對治法，亦無「能所」，所謂：了即本來空。

為何菩薩能照見五蘊皆空呢？而眾生卻不能？首先要了解如何才能稱名為菩薩。圓覺經曰：「善男子，圓覺淨性，現於身心，隨類各應，彼愚癡者，說淨圓覺，實有如是身心自相，亦復如是，由此不能遠於幻化，是故我說身心幻垢，對離幻垢，說名菩薩，垢盡對除，即無對垢及說名者。」

圓覺經說：眾生的圓覺淨性（圓滿清淨的覺性），現於身心，只是隨類而應，應於「身心」故現於「身心」，此身心是指「四大假合之身」，與依於此肉身攀緣於世間的「緣心」，此四大身與攀緣心，實非圓覺淨性本有，對於圓覺性而言實是「空幻污垢」，故稱為「身心幻垢」。只因誤認四大身為我，實相則是，四大身是世間物非我有，即人無我；誤認緣心為我心，實相則是，緣心乃意識攀緣外境所生的心，稱名為緣心，非我本心，即法無我。對能離於此身心幻垢者，方能稱名為「菩薩」；執著於此「身心幻垢」者，不名菩薩。所以，以能脫落此身心幻垢者，稱名為菩薩。不執著的當下即名「脫落」。

當了解菩薩之義，而成熟脫落身心之意境時，即將發現「此身心本非我」，我實無「身心」可離，是故曰：「垢盡對除，即無對垢及說名者。」也就是說，本無身心幻垢，也不須用對治的方式，來除去此身心幻垢，更沒有菩薩之名稱。（菩薩只是假名，實無菩薩無眾生，菩薩與眾生皆因世尊為傳法故，而假安的名稱。）「脫落身心」是有身心可脫落，有能有所，進而確認實無身心可脫落，即無能無所。

再讀一次「圓覺經」，圓覺經曰：「善男子，圓覺淨性，現於身心，隨類各應，彼愚癡者，說淨圓覺，實有如是身心自相，亦復如是，由此不能遠於幻化，是故我說身心幻垢，對離幻垢，說名菩薩，垢盡對除，即無對垢及說名者。」

若能於現在此時，當下能覺悟「身心」非我，而脫落身心者，當下即是菩薩，即是初學菩薩，不是很會修行或修行很久，方名菩薩，只要不執著身心，就是脫落身心，並非實有身心可脫落，若不識此義，就算無量劫的修行，也不名菩薩，所以菩薩是正知正見而得，非久學而得。

菩薩如何照見五蘊皆空？而眾生不能？當脫落身心後的菩薩所見世間，與執著身心的眾生所見世間，會有很大的不同，眾生見世間之一切物體為真實，就是一切物體，見物就是物。而菩薩見世間物體，能發現三種現象：

一者，能發現地水火風四大假合之物體，即是色類（物體）。

二者，能發現顯現物體的心性。

三者，能發現心對境所顯現在心裡的六塵緣影，即是色蘊。

譬如明鏡之照物，能現三類：

一者，外境色類。

二者，能顯現色類的大圓鏡。

三者，顯現在鏡子裡的影像（鏡上痕），即是六塵緣影。

再進一步觀察：此六塵緣影是由心生出來的，並不是外境實體進入心裡，而心性亦無任何實體空間可容納任何物體，只能反映出外境的影像而已。

心像一面鏡子，看到什麼東西，就能生出什麼東西。譬如有二十人來看一艘船，大家的心裡都會顯現一艘船，如果有一萬人來看，那麼一萬人心中都會顯現一艘船，而外境只有一艘船，這代表每個人心裡這一艘船，是每個人自心顯出來的，是我們的心自己生出來的。因此可得知「萬法唯心所生」，又可得知「諸法空相」唯緣影相而已。所以「色蘊」從「心生」，我們「攝受的只是影子」而已。這些影子並無質礙（物質），如我們在博物館觀賞幾萬件的文物，一一文物皆能於心中顯現，不因太多文物而擁塞於心。

此色蘊即是無相，唯緣影故空，所以菩薩能照見「五蘊皆空」。此色蘊即是法，即是「法界」，即是心裡境界。往生論曰：「法界眾生心法也。」大乘起信論曰：「所言法者，謂眾生心。」

心本無形無相，應物而生，如鏡之照物，不但心中顯現物體，同時亦顯現能顯物的心體。而心所顯的只有影像物，此影像物不是有實體，只是唯心所生。經過這樣的瞭解，而體會其境界，此內心境界稱為「出世間」或法界，故曰「萬法唯心生」，或曰「應觀法界性，一切唯心造」。而外境的物體，包括四大之身，是地水火風四大合成物，有實體，是有相、有為的，非心所造，稱為「世間」。以一切有情唯是一心故，因為「四大之身非我」，所覺受之世間萬物，唯影像故，而此影像是自心所生，法即心故，實無「能所」。亦因影像唯心所生，亦即萬法唯心所生，是故，即心即法，見法即見心。此心能攝一切世間法、出世間法，依於此心，能顯現一切大乘無相法，無相即實相。

此色蘊即是心，菩薩見物（色蘊）即見心，見法即見心。若能如實的體悟「色蘊」唯心所生，那麼以下法句之真義，自然一一顯現。如：「萬法唯心所生」、「諸法空相」。華嚴經所說：「若人欲了知，三世一切佛，應觀法界性，一切唯心造。」又如：「法界唯心」等等。

眾生只見四大假合的色類，不見由心所生之色蘊，因此，眾生只見世間，不見出世間（出世間即法界）。而菩薩唯見一實法界。因為世界是唯心所現之「色蘊」，色蘊即是法界故，十法界眾生唯此一心故，不能離此心而另生一心，來「旁觀」心與境的關係，是故菩薩唯見一實法界。而世界只是眾生誤認「身心」為我所生的產物，故只見「色類」，不見「色蘊」。換句話說，眾生只能見世界，不能見法界。一切四大假合之物，包含四大之身，是世界。但於諸佛菩薩的清淨心所見，見一切眾生實處於法界，非處於世界。亦即一切眾生是活在心境裡，不是活在環境裡。眾生本來「住在法界」，只是「不覺不知」而已。

心有五蘊，色蘊、受蘊、想蘊、行蘊、識蘊，皆為六塵緣影，只是影子故空相，菩薩照見色蘊空故，受、想、行、識，亦復如是。仔細觀察，我們所受的一切苦厄，原來只是受到「六塵緣影」的折磨，並不是有任何實體，能折磨到我們的心。譬如：颼風吹不動陽光。又如：竹影掃不動落葉。所以一切的憂、悲、苦、惱、愁等煩惱，是我們冤枉承受的。換個角度來看，這些煩惱境界是被動的，只要我們不理它，它奈何不了我們；只要我們不理它，煩惱境界最終將沒有生起的機緣，自然能體悟「煩惱本自無生」，進而悟此無生法忍。世間之物，最多只能傷到身體而已，不會傷到我們的心；而身體的痛，只是身體的本能，讓我們知道身體有受到傷害，進而尋求醫生的協助。所以身體的痛，是身體自我保護的機制，也是好的機制，並不是把身體修成無痛無覺。然而心的痛苦，遠勝於身痛，心若不苦，則身痛即能減輕，而眾生常常是身體好好的，而心痛不堪，就是誤認六塵緣影為實有，而被影子折磨。

當菩薩證知「五蘊皆空」，色蘊是六塵緣影故空無相，自然能度一切一切的憂、悲、苦、惱、愁等煩惱苦厄。而世間法，只要盡人事、聽天命、沒煩惱，就是最圓滿、最有效的修行法門；只要盡人事即可自肯，其它成功與失敗、如意與不如意，依於法界而言，皆如夢幻影事，只管聽天命，自然沒煩惱，因為於世間法而言，盡人事已經是最大的努力了。

心經曰：**「舍利子，色不異空，空不異色；色即是空，空即是色。受、想、行、識，亦復如是。」**

因為菩薩所見唯是色蘊（六塵緣影），色蘊空故，色不異空，不異就是相同的意思。菩薩告訴舍利子說，所見的色同於空，唯緣影故；而空相色蘊同於所見的色。菩薩再強調一次，所見的色即是空相的色蘊，空相的色蘊即是所見的色，既然色蘊空相，受、想、行、識，亦復如是空相，當然得證知「諸法空相。」

心經曰：**「舍利子，是諸法空相，不生不滅，不垢不淨，不增不減，是故空中無色，無受、想、行、識；無眼、耳、鼻、舌、身、意；無色、聲、香、味、觸、法；無眼界，乃至無意識界；」**

諸法是唯心所生的六塵緣影，當然是空相。空相即是本無（本來空無），既然本無，則本自沒有生滅、沒有垢淨、沒有增減。一切的生滅、垢淨、增減，都屬誤認「有相」而生的妄見，妄見生滅、妄見染淨、妄見增減、妄見來去、妄見貴賤、妄見……。

「諸法空相」，諸法只是「緣影」而已，緣影境界當然是「空相」。當然就「不生不滅、不垢不淨、不增不減」，這是什麼意思呢？生死只是四大之身體的生死，佛性本來就沒有生死，法界「本無生滅」、也沒有「染與淨」。一般誤以為我們墮入世間，被世間六塵污染了，六塵只是緣影，影子不能染著我們的心。我們的心「染不著」也「淨不得」，要染它也染不得，要清淨它也淨不得，稱為「不染不淨」或「不垢不淨」。無能染亦無所染，既無能所，當然染不得、淨不得。

為什麼會染著呢？是我們自己誤認「有相」，對「有相」生「愛憎取捨」之心才染著的，這是幻染的，是於「緣影上誤認而生的染著心」，然而緣影「本來無法染」的，所以叫做幻染。幻染後又要清淨它，叫做幻淨。譬如：觀看3D立體電影，從電影裡潑出油漆，如果不知是影子，而誤認為「實有」者，則必被所染。但緣影實不能染，故曰幻染，「幻染後又要清淨它」叫做幻淨。知實相者，得知心性不曾有染、亦不曾有淨。從本以來心性不染不淨，故曰：真清淨。若能見此法界者，即名法眼清淨，同時亦見一切眾生，雖處六塵境界，其心未曾有染、淨，只是一切眾生，依於無明而不覺不知。

佛法是心法（無相法），不是相法。不了解無相法，所有的修行都叫做「著相修行」。於諸法空相中，幻染又幻淨、幻佛又幻眾生，於諸幻中不能出離。

是故於諸法空相中，實無色，無受、想、行、識。無眼、耳、鼻、舌、身、意；無色、聲、香、味、觸、法；無眼界，乃至無意識界。從五蘊空故，六根、六塵、六識等十八界，於「諸法空相中」，回歸於本無（真如）。真如者，舊譯「本無」，「本無」即空性。當體悟到「真如」後（真如即是真性），即證知真如本然「無我」、本然「無住」、本然「真清淨」（不曾染、不曾淨故名真清淨）、本然俱足一切功德未曾有失（作眾生不減、成佛亦不增）。

是故六根、六塵、六識等十八界，即是法界，法界空無一物，唯緣影故。是故經曰：「舍利子，是諸法空相，不生不滅，不垢不淨，不增不減，是故空中無色，無受、想、行、識；無眼、耳、鼻、舌、身、意；無色、聲、香、味、觸、法；無眼界，乃至無意識界；」

六祖壇經裡，神秀大師曰：「身是菩提樹，心如明鏡台，時時勤拂拭，勿使惹塵埃。」這句偈語，明顯「執著身心」而修，以身為菩提樹，以心為明鏡台故，見相為相、見塵為塵，非無相頌，是故不能見如來本性，必須是「見相非相，即是見如來」才是，因此，五祖說神秀大師，入門未得，不見自性。

六祖慧能曰：「菩提本無樹，明鏡亦非台，本來無一物，何處惹塵埃？」這句偈頌，很明顯的，脫落身心，「實無身心」作菩提樹與明鏡台，一切境界唯心所生，而所生唯緣影境界，本來無一物，無心亦無相，能所俱無，何處有塵埃？

神秀大師即是幻染又幻淨，所以須時時勤拂拭，勿使惹塵埃，實為「相修」佛法，有相故有染。能所俱足，是故不見本性，即使拂拭得一塵不染，也是有塵可染。反觀慧能大師，脫落身心，見相非相，見塵非塵，唯影像故，是故無塵可染，亦無心受染，能所俱無，當然無「染淨」之名。見相非相即見如來本性。是故此偈是無相偈，亦為見性論。

心經曰：無無明，亦無無明盡；乃至無老死，亦無老死盡。無苦、集、滅、道，無智亦無得，以無所得故。菩提薩埵，依般若波羅蜜多故，心無罣礙，無罣礙故，無有恐怖，遠離顛倒夢想，究竟涅槃。

既然一切「本無」，無明也是從空幻妄而生，非真有無明，故曰：本無無明，當然也無無明可盡，不是很會修行，而能盡無明，是無明「本無」。從無明、行、識、名色、六處、觸、受、愛、取、有、生、乃至老死這十二因緣法都是誤認而來，從空幻妄而生，非真有，所以只要見法界或曰「入法界」，則此十二因緣法自然消彌，法界「本無」如是事。法界唯緣影，故諸法空相（無相），從無相妄幻，誤認為「有」，因此從諸「有為」，輾轉緣生此十二因緣，沒有任何原因（生而無因），就是誤認而已，若不誤認，十二因緣從無明，乃至老死亦不有，因為四大之身非我有。再則，六塵緣影心，只是應映外境而生之緣心，亦非我本心，我實無如是「身心」。

因此「生老病死」的只是四大假合的肉身，非眾生的生老病死，眾生實無身心受彼生死。不是很會修行，才修成「無老死」，而是本無老死，故亦無老死可盡。

圓覺經曰：「善男子，如來因地修圓覺者，知是空華，即無輪轉，亦無身心受彼生死，非作故無，本性無故。」知道是空幻的花，就沒有這些輪迴，也沒有身心能受彼生死輪迴。不是經過修整造作而沒有的，而是本性就沒有生死輪迴，若能確認此正知正見，從自心徹底的如法行，所謂心地法行，即能了生死脫輪迴。所以金剛經曰：「一切有為法，如夢幻泡影；如露亦如電，應作如是觀。」世間一切有為法，如夢、如幻、如泡、如影（六塵緣影），若能作如是觀，法界自然顯露無遺，自心即法界身，證入法界之理，名曰「入法界」。「入法界」即是「出世間」，入法界後，隨即悟知法界實無出入，因為世界是妄想執著而有，實相是沒有世界，唯有法界，因此，自然常住法界，非作意而住，是謂以無住而住，故曰常住或曰本住。

心經曰：無苦、集、滅、道，無智亦無得，以無所得故。菩提薩埵，依般若波羅蜜多故，心無罣礙，無罣礙故，無有恐怖，遠離顛倒夢想，究竟涅槃。

世間既然如夢、如影（六塵緣影），當然就沒有苦可集，沒有苦可滅，不須滅苦及行滅苦之道。故曰：無苦、集、滅、道四聖諦，本無一切苦，一切苦只是妄見，若能得此正知見，即恢復本來樣（本地風光）。既是本來樣，即本自有的，故不曰智、不曰得。譬如：千年暗室，一朝燈光打亮，而見一切寶藏，寶藏是本有的，所以不曰得，只是之前無所見，而今得見而已。以此「本自有之」而無所得，故菩薩依此如虛空之清淨智慧，度過娑婆苦海，到清淨極樂彼岸，知是六塵緣影故，心無所罣礙，無所掛礙故，也沒有恐怖，已知法界唯緣影故，遠離執著於身心的顛倒夢想，到本無生死的究竟涅槃，非離生死而趣（取）涅槃，而是確知，本心本無生死，生死只是「誤認」，或曰「妄見」，實無身心受彼生死，自證本心本自涅槃。

三世諸佛，依般若波羅蜜多故，得阿耨多羅三藐三菩提。故知般若波羅蜜多，是大神咒，是大明咒，是無上咒，是無等等咒，能除一切苦，真實不虛。

不管過去、現在、未來三世一切諸佛，都是依般若波羅蜜多故，得阿耨多羅三藐三菩提。即得無上正等正覺，無上就是最究竟的，正等就是一切皆平等，正覺就是真正的覺悟。法界唯影相故，一切平等無別，譬如：石頭的影子與鑽石的影子並無貴賤、無美醜、無高低，既然一切皆平等，平等則不二、不二則一如，法界空相故無取捨，無取捨則貪、嗔、癡不成立。心自然不為外界所動，故曰常不動。如是即證知，本自俱足空、無相、無願三三昧。如此是謂得阿耨多羅三藐三菩提。所以知道般若波羅蜜多，是大神咒，是大明咒，是無上咒，是無等等咒，能除一切苦，真實不虛。

咒，就是陀羅尼之義，意即能總持一切法而不失。如果當成咒術使用，只能暫時安眾生之心，讓眾生得安穩，但非究竟，亦非如來真實義。得如來真實義，則能除一切苦，真實不虛。

故說般若波羅蜜多咒，即說咒曰：揭諦、揭諦，波羅揭諦，波羅僧揭諦，菩提薩婆訶。

揭諦、揭諦，波羅揭諦，波羅僧揭諦，菩提薩婆訶。是菩薩鼓勵眾生，要勇敢的如法行入法界，不要執著身心，耽擱於世間。翻譯為：走吧！走吧！願與眾生一起，到達智慧光明的彼岸啊！大智慧！道成就！

如來真實義　體悟篇（壹）

南無阿彌陀佛之如來真實義

佛教徒口中常念南無阿彌陀佛是何義？

南無是皈依之義。阿彌陀佛是梵語，譯為無量壽、無量光。祂是一切眾生的本心（佛性）之別名，佛教徒都知道四大之身，是世間的地水火風四大假合，非我有，所謂〔人無我〕，因此身體的生死，非我的生死，佛性實無生死，常聽師父說，我們都是無始劫的造業，方生娑婆，若再造惡業，將墮地獄受無窮劫的苦，那麼我們本心的壽命是多長呢？當然是無量壽。

改個方向來問：不問我身，但問我心，今年幾歲？

其實也只能回答無量歲，我們的心都是無量壽的，只要不誤認身體為我有，我們的佛性就是無量壽佛，南無阿彌陀佛就是皈依自性佛，表示是自皈依，不是他皈依，所以我們三皈依時，都是自皈依佛、自皈依法、自皈依僧，表示自皈依覺、自皈依正、自皈依淨。

如果一切眾生都是無量壽，自然也沒必要強調〔無量壽〕，更沒有壽命見（壽命相），但是眾生常執著於百年身，誤認為自己只有百年的壽命，因此佛本來無名無相，為了表示眾生佛性有無量壽的功德，是故佛以其功德而命名，謂之名無量壽佛。

又，眾生畏懼自己常夜無明，實佛性本無無明，是故佛以其功德而命名，謂之名無量光佛。

這些都是一切眾生本具足一切之功德，非從外得。

佛教徒見面時，都要互稱〔阿彌陀佛〕，代表互相見到彼此的佛性，非見到外表之男女老幼相，故互稱阿彌陀佛，不管三歲或八十歲，不管在家、出家都稱為阿彌陀佛，此時不可加〔南無〕，否則又成〔我皈依你佛性〕，〔你皈依我佛性〕，變成他皈依，不合自皈依的法義。

其他不管千佛名或萬佛名，都依自性本具功德而命名，自性本具恆河沙功德，故有恆河沙佛名。

因此，若見自性佛，即見恆河沙諸佛，故曰：一即一切，一切即一。

所謂：唯心淨土，心外無淨土；自性彌陀，離性無彌陀。

若外來的，佛來佛斬、魔來魔斬，是五十陰魔也，由五陰交互繫纏所生。學人不能不慎也！

【萬法】的如來真實義

萬法唯心所生、自性能生萬法。

什麼是萬法？

凡是六根緣六境，於色受想行識五蘊所生的六塵緣影，及意識所生之現象緣影，皆名為法，因此，一切我們所覺受到的事物、所觀想、所冥想、以及覺者所說法，可名為法。

於是，我們所覺受到的萬法，皆是緣影，不是實物進入到我們的覺受，我們的覺受亦無實質可容納實物，所以心所緣起者，皆是緣影，譬如：太陽只有一個，我們每個人心中都可以覺受到太陽，其實我們心中的太陽只是太陽的緣影，不是太陽本身進入心中，又如：世尊對眾生說法，與會眾多法眾都可以看到、覺受到、聽到世尊說法，大家都知道現場只有一個世尊，但是與會法眾的心，個個皆覺受到世尊對他說法，這就是心之色蘊（五蘊）的作用，因此，色蘊（五蘊）的作用所緣起的，只是緣影，不是實質，心如鏡子看到什麼就能生出什麼，但鏡子所生的只是緣影非實物，色蘊（五蘊）亦復如是，所以凡心所緣起的一切境相及想相，都是緣影，緣影空故，緣起性空或曰諸法空相。

因此，萬法是緣影不是實質，所以自性能生萬法。有人誤認為，萬法是實質，以為自性能生一切境，而致想不通佛法，如果自性所生是實質，而自性又能生萬法，那麼世尊也應是我們自性所生，那麼應是我們說法給世尊聽，一切諸佛亦應歸我們自性所生，您也是我自性所生，故是義不然。

若能悟知萬法的本質，則『萬法唯心所生、自性能生萬法。』〔諸法空相〕之法義，自然迎刃而解。

六塵緣影的道理

〔心〕只是透過六根，接觸六塵，六根是四大身之物，乃是世間物體，非心所屬。

從我們的〔心〕所看到、所聽到、所聞到、所觸摸到、所嚐到、所感覺到的物體，不是真的物體的本身，只是物體的緣影，沒有任何人能覺受到物體的實體，因為，我們的心沒有實體能容納物體的實體，只能顯現（覺受）物體的緣影，物體的實體也不會進入我們的心內，就算你把物體裝進你的口袋或吃進肚子，對現象界來說，祇是把物體放入另一個容器而已，譬如草木之澆水及營養，而所覺受到的甘甜苦辣，也是緣影而已，甘甜苦辣僅止於口裡，入於心者祇是覺受緣影而已。

因為，我們的身體不屬本心，身體仍然是屬於四大之境，我們的習性常把身體據為己有，所以看不見這個道理，我們只是覺受到吃進一個物體，其實你本心並沒有真的吃進一個物體，祇是覺受到「物體進入身體內」的緣影而已。

所以不管如何，我們〔心〕所看到、所聽到、所聞到、所觸摸到、所嚐到、所感覺到的物體，不是真的物體的本身，而是物體的緣影，實在沒有人能真正的覺受到物體的本身，覺悟者亦復如是。

因此，若完完全全站在「佛教教內」依【唯心】、【唯識】、【唯心識】的立場來看，確實一切外境皆是唯心識所生，確實是幻、無實，也都是色蘊，所以於心所見之一切物質祇是緣影而已，乃至大法界亦是緣影，也都是色蘊。

但是若以真禪宗【教外別傳】（教外客觀）的角度來看，心譬如明鏡照物體，任何物體置於前皆能絲毫不差的顯現在鏡子裡，所以從心所生之境相，唯有緣影，是故萬法空相、自性能生萬法。

從〔教外別傳〕來看，萬法只是萬境的緣影，這個情形看來，其實是心不礙境、境不礙心的。

譬如：颶風吹不動緣影，緣影亦不阻礙颶風的吹襲。

菩薩照見五蘊皆空，因為五蘊唯緣影故空，能度一切苦厄。

緣影不能撼動或污染本心，一切的污染只是幻染，若不知此義，一切的清淨修行只是幻淨，不識本心者，只是幻染又幻淨，仍是在〔染淨〕的染缸裡，永不得真清淨。

本心真的不染不淨猶若虛空，無實可染、無實可淨、無實可執、又無實可見。真是不可思議！

從真禪宗【教外別傳】（教外客觀）的角度來看，比較能顯現出萬物、萬法、萬教所共通的真理，佛法其實就是真理，佛法須脫離佛教藩籬！

才能讓眾人能看到真禪宗【教外別傳】的真理，不讓外教人士看不懂，

真理不是佛教獨有的，真理應該是共通的！

但教法可依人事物環境的變遷而改變，而佛法（真理）是不二的。

心本然無我

佛菩薩並非修習無我而得成就，只是如實知：一切的我見，皆為妄想。

僅因眾生依於四大之身，藉由六根收集六塵緣影，誤為我心，故亦妄見我相，久而成習，我執深植，故今慾修習成佛，終脫不了我執。

修行亦是我執，不修行亦是我執；
觀照亦是我執，不觀照亦是我執；
成佛亦是我執，不成佛亦是我執；
念佛亦是我執，不念佛亦是我執；

有我亦是我執，無我亦是我執；

乃至一切修行皆是我執，

不能了知如來真實義，永不能脫離我執。

心本然無我，四大之身非我（人無我），六塵緣影更非我（法無我），仔細觀察（妙觀察），若不誤認身心為我，此心有限量嗎？

換句話說，如果心真的無所執著，此心實如虛空無有邊際，此心無邊即是無我，猶若虛空；若有我者，即是有邊，因有執故，然此虛空無邊的心，即是十方眾生本來的心，無有差別。

依此因緣故，佛說十方眾生本來成佛。

佛菩薩並非修習無我而得成就，只是如實了知如來真實義，所以能達到：

修行亦是無我，不修行亦是無我；
觀照亦是無我，不觀照亦是無我；
成佛亦是無我，不成佛亦是無我；
念佛亦是無我，不念佛亦是無我；
有我亦是無我，無我亦是無我；
乃至有住無住齊名無住；
有執無執皆謂無執。
故佛菩薩修得圓滿佛性，實名無修；
證得真理，實名無證亦無得，本自圓滿故。
如是乃得稱名佛菩薩。
佛菩薩也是為說法故，假安名相，實無佛無眾生，
十界眾生本來圓滿故。

佛法是不間斷的修行法門

真正的佛法實無相、無為、無能、無所、不疲憊、不間斷，能完全融入生活中，讓生活即修行、修行即生活，無異無別。

離開生活的修行必有間斷。就不是最究竟的修行，佛法融入生活中，自然修行十二時中無有間斷，且一切處所、一切時中，若行、若坐、若臥、若住，吃喝拉撒皆名〔修行〕。

因無為的佛法不會障礙有為的世間法，所以必能密切的融入世間法生活中，自然修行無有間斷，沒有勉強或委屈相。

凡人看不出真修行者，因為行者不會刻意表現任何〔修行〕的徵兆，真平常人也。唯俱眼者能識。

如何能將佛法融入生活中，當然第一原則就是要識自本心，對佛法融會貫通，故能秉性而為，自然俯拾皆佛法。

正知見乃得法眼清淨得見法界

得正知見與得法眼清淨，皆在聞法的當下得，絕非修行而得。

佛法的本質，就是真理，就是道。

〔真理〕或曰〔道〕，都是本然的，不是修行而來的。只是不違背〔道〕不違〔真理〕，讓心回歸本然之道，讓本心契道而行，假名〔修道〕。〔真理〕或曰〔道〕，並不是釋迦牟尼佛發明的，而是本然存在的，覺悟者只是覺悟或曰發現此〔真理〕或〔此道〕，假名證道。

以〔道〕本然存在，故曰〔證道〕或〔契道〕，然道貫古今而不動，不管眾生知與不知，其道依然如故。

讓心回歸本然之道，致本心契道而行，自然無修而自修，修行不間斷。

這是很重要的境地，也唯契道者能知。

回歸本然之道，其實它正是我們的〔故鄉〕，或曰〔本來面目〕。但無始以來，我們遊歷於六塵（十八界），早就迷失於六塵（十八界）之中，忘記了我們的故鄉，甚至完全不知道有個〔故鄉〕，或有眾多人知道有個〔故鄉〕，很想回歸故鄉，但卻於六塵（十八界）之中尋找故鄉。

自始至終依然找不到回家的路，佛教有一句名言：〔回頭是岸〕，正是回頭就是彼岸（家鄉）。

如何回頭呢？就是不執著六塵（十八界），或曰脫落四大之身與攀緣心（意識心），自然超三界（三有為）。

本來〔脫落四大之身與攀緣心（意識心）〕並不困難，而且本應如是，惟一切眾生皆以四大之身為我相，以緣心（意識心）為我心，所以欲其脫落身、心，譬如欲自取性命一樣的困難，始終不知脫落身、心，方能顯性〔本性〕，方能見自本性如來。

脫落身心自然能見相非相，見相非相即見如來。

脫落身心，方能顯現本性。

眾生因為誤認四大之身為我相，誤認緣心（意識心）為我心，所謂脫落身心，是指心境上明白此身是地水火風四大假合，非我相（人無我），緣心是六根攀緣於六塵產生六識的分別心，是故緣心非我（法無我）。

自證身心非本有，自然不執著，即此因明白而不執著，稱名為〈脫落身心〉。

如圓覺經所說：

〈云何無明。善男子，一切眾生從無始來，種種顛倒，猶如迷人，四方易處，妄認四大為自身相，六塵緣影為自心相。〉

所以發心修行時，必先確實明白此〈身、心〉是誤認，只要不再誤認，自然能不執著此〈身、心〉相，是名〈脫落身心〉。

此時，〈脫落身心〉尚有〈身、心〉可脫落，是故仍有〈能、所〉在。經薰習成熟後，悟知身心非我有，當即發現實無〈身、心〉可脫落，此時，即無〈能、所〉，無能脫落者與所脫落之〈身、心〉，能所既無，即恢復本來面目，自由自在。

並得法眼清淨，而見一切法界，這是聞法即能得，非修行可得。

世尊說此法時，與會法眾，聽後，當下即得法眼清淨，並非經修行後，而得法眼清淨。是正知見乃得法眼清淨。

釋放心性

但秉性而為，性本自無為。放任無為，不動用聰明，則萬物無貴無賤，無愛無憎，無高無低，無取無捨。自然心智明朗，無欲無求；雖使萬物各有其用，但非貴非賤，非愛非憎，非高非低，非取非捨。

萬物雖各司其職，而不究其名，不謀其利，雖得其名而不言名，雖獲其利而不執利，故能無所計較。

不究其名不謀其利，並不代表名利一定不會來，只是不以名利為目的，故雖得其名而不言名，雖獲其利而不執利，自然能無所計較。

如此，雖日理萬機，而能休息萬緣，能休息萬緣，就是釋放心性。

雖言釋放，實無釋放之有為心，乃是一任自然，一抹平懷，契乎平常。

故雖有所為，而其心性恆處無為，無為而無所不為，是名真無為。

不用聰明，心性自然無染，無染之智，是名般若，雖名般若，但般若無名，不可名之，若強名，即屬污染。

若以般若智觀之：

六塵始終清淨，故自性從來未曾有污染，一切染淨，如翳幻見幻花，根本不存在，一切有為法，如夢幻泡影。

若能得般若，自然於五濁中得無染，於萬法中得自在，恆坐白蓮台！

如何脫落身心？

雖現有身體住於世間，但知身體是世間四大假合物，非我所有，故本能的不執著此身，又因依住於此身體，攀緣於世間，所生的攀緣心，非我真心，故亦不執著，是名脫落身心。

久之，更發現身心本非我有，我〔實無身心可脫落〕，這時，此心念成孰，得見法界，更發現世界即法界，無二無別，從前誤認身心為我，故只見世界不見法界。

法入諸境皆悉無形

識、智無形而生六色。因眼見色，眼識無形。因耳聞聲，聲無形色。

萬法無相無形，萬物有相有形，故〔萬法不等於萬境〕。

大乘顯識經卷上曰：

賢護！又如畫工料理壁板，諸所畫處如法端潔，隨意所為圖繪眾像。

則工之識智俱無形色，而為種種奇容異狀，如是識智無形而生六色。謂因眼見色，眼識無形。因耳聞聲，聲無形色。因鼻知香，香無形色。

因舌知味，味無形色。因身知觸，觸無形色。法入諸境皆悉無形。識無形色，亦復如是。

導讀：

心之識智譬如畫師，所畫出來的圖繪眾像，如法一樣的端正清潔，但隨意識智所作皆非有形有相的實物，因眼見色，眼識無形。因耳聞聲，聲無形色。因鼻知香，香無形色。因舌知味，味無形色。因身知觸，觸無形色。

〔法入諸境皆悉無形。〕所以萬法入於萬境，法自無形無相，萬境是四大合和，萬法唯心所生，目前最嚴重的誤解，以為萬法就是萬境，導致只見萬境，不見萬法。只見世界，不見法界。

識自本心其實沒有想像的困難

心境不受外境所影響，這個不受影響的心，就很接近本心了。

若知，外境無始以來，根本影響不了此心，那麼這就是本心了。

真正的體會〔外境無始以來，根本影響不了此心〕，這就是般若智了，它是本心俱備的，當體會本心時，般若智自然流漏。

識自本心雖沒有想像的困難，也不是那麼簡單，知道〔外境無始以來，根本影響不了此心〕，而且還要如實行，完全恢復了〔本心〕，方為天人師。

了解如來義、了解〔本心〕，並非馬上成佛，唯除頓覺人，頓悟頓成，但一般人能自知修行路，自知修行路方能如法行，否則，只怕愈行愈遠。

見自本心者一定能貫通一切佛經，因為佛說法不離本心。

證五蘊皆空，能度一切苦厄。

當證知「五蘊皆空」，色蘊是六塵緣影，故空無相，自然能度一切一切的憂、悲、苦、惱、愁等煩惱苦厄。

但證五蘊皆空，不是修五蘊成空，因五蘊是緣影，緣影本空，只要證明即是，不要作意令空，若作意令空，是斷滅法非佛法。

諸行者應如實確知：

因正知正見而得證五蘊皆空，非經修行而得五蘊空。

而世間法，只要盡人事、聽天命、沒煩惱，就是最圓滿、最有效的修行法門；只要盡人事即可自肯，其它成功與失敗、如意與不如意，依於法界而言，皆如夢幻影事，只管聽天命，自然沒煩惱，於世間法而言，盡人事已經是最大的努力了。

傳心法要曰：

凡人臨欲終時，但觀五蘊皆空，四大無我，真心無相，不去不來。生時性亦不來，死時性亦不去，湛然圓寂，心境一如。但能如是，直下頓了，不為三世所拘繫，便是出世人也。切不得有分毫趣向，若見善相，諸佛來迎，及種種現前，亦無心隨去。

若見惡相種種現前，亦無心怖畏。

但自忘心，同於法界，便得自在，此即是要節也。

諸佛之本源即是眾生之清淨心地，無二無別。

生、佛一如，除此心地之外無別佛，雖今處無明著眾生相，隨相生滅枉受輪迴，其心依然無生無滅、無增無減、無來無去、無染無淨，惟著眾生相故，毫無所悉，直到證入涅槃，成就一切諸佛功德，也只是恢復本來清淨心地，究竟無證亦無得。

覺悟之心與無明之心並無不同，就是當下這一念心，無無明就是覺悟，並不是向外去求覺悟，內除無明即是覺悟，無明與覺悟不會同時存在。

過去、未來、現在並沒有界線，未來的一剎那隨即變成現在及過去，絲毫不停留，且不管過去無量劫，或未來無量劫，都曾經是當下或必須經過當下，所以過去、現在、未來三世了不可得，惟現當下，不管從有相入無相、從有為入無為、從有歸空、從外入內、任何修行法門，惟修當下這一念心。

法界者眾生心也

所謂境界者即是心境，無心則無境界。

若知身心非我有，唯有一心者，所覺受到的即是心之境界，除此之外，無有餘物，若不知此唯心者，故見外境實有，乃是妄見也；若言無有外境，若無境則不能顯〔心〕，是則名為外道。

故經曰：執著外境若有、若無。彼有是過，非我所說。

若執著此四大之身者，才妄見『外塵』『外境』等山河大地。

若識自本心者，唯見〔法界〕或曰〔心之境界〕，也是唯一法界，塵影亦在法界中，萬法亦是塵影而已，我們的心並無實體，所以四大所合和的一切外境，在心體裡面就成萬法，故曰：萬法唯心所生，所生唯是塵影而已無實體，故曰：諸法空相。是故能照見五蘊皆空，度一切苦厄。

因為佛、眾生、心，唯是一心故，三無差別。

這樣的法界即無能所、無對立，是絕待不二的，如果一切外境皆由心直接或間接造成的話，那麼世尊於說法時，世尊四大之身也是眾生心所造的嗎？

如果是這樣，世尊悟道一切眾生亦應悟道。反之，眾生四大之身也是世尊所造。那麼世尊也應該是無明的。

我們的心，從來沒有真正的接觸到〔外在六塵〕，過去、現在、未來，都不會改變。

因為心沒有實體，沒有實體當然就不能接觸到外在六塵，所以只是〔覺受〕六塵之緣影而已，一般世間法有相就是有相，無相就是無相，不可說非有相非無相，更不可以有相硬說是無相，雖然世間法都具有〔生住異滅〕的四相，又稱〔四有為相〕。生相、住相、異相、滅相仍是有相，不能說是無相，任何物體皆是以〔有相〕存於在世間，譬如：杯子就以杯成、杯住、杯異、杯壞等相存於世間，不會變成空無。

法華經所說：世間相常住。

科學家說：物質不滅，質能互換，能量也是物質變化出來的，不能從空化為能量。

世間法與出世間法之差異

世間法盡有苦集滅道；出世間法無苦集滅道。經曰：諸行無常、諸法無我、有為皆苦，世間汙濁。

又，經曰：常、樂、我、淨是如來四德。

此兩者，乃世間法與出世間法（法界）之差異。

諸行無常、諸法無我、有為皆苦，世間汙濁，是闡述世間法。

常、樂、我、淨是如來四德，是闡述出世間法（法界）的本然狀態，本無名稱，為解說故，相對於世間無常、苦、無我、染，而命名之常、樂、我、淨的絕對狀態。

常者，非世間有為法有常、有斷，而是出世間法（法界）恆常如是、法爾如是，未曾有斷故，無有斷、常的分別，假名為真〔常〕。

樂者，非世間有為法感官的苦、樂，而是出世間法（法界）恆常如是、法爾如是，未曾有苦故，無有苦、樂的分別，假名為真〔樂〕。

我者，非世間有為法〔有我、無我〕，而是出世間法（法界）恆常如是、法爾如是，未曾有我故，亦無〔我、無我〕的分別，假名為真〔我〕。

淨者，非世間有為法有淨、有染，而是出世間法（法界）恆常如是、法爾如是，未曾有染故，無有染、淨的分別，假名為真〔淨〕。

雖世間法，有生滅、有染淨、有增減、有去來、有斷常、有苦集滅道、有無明乃至有老死。法界（出世間）依然不生不滅，不染不淨、不增不減、不來不去、不斷不常、無苦集滅道、無無明乃至無老死。

法眼清淨者能見法界，故所見如是。

若通一切法平等即見法界，若知順逆境無別是名法界，

若悟善惡一如無異即法界，若達法從無染淨即入法界，

若體心如金剛不壞名法界，若於差別見不二即見法界，

若於動中見真不動是法界。

圓覺經曰：

【「善男子。末世眾生將發大心。求善知識。欲修行者。當求一切正知見人。心不住相。不著聲聞緣覺境界。雖現塵勞

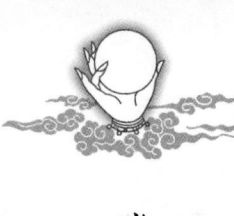

心恒清淨。示有諸過讚歎梵行。不令眾生入不律儀。求如是人即得成就阿耨多羅三藐三菩提。」】

導讀：

所謂善知識者，心不住相，不相說佛法。

六祖曰：說法不離自性，離體說法，名為相說。

〔相說佛法〕與〔無相佛法〕最大的差別就是有為法與無為法。

〔無相佛法〕所說的無為法，並非一般印象中的〔無為法〕，它是絕對的無為法，非對有為而說無為，而是為一切所應為，其心恆常清淨無為。

若為了牽制有為，而做出的無為法，通稱為〔有為法〕。

從另一個角度來看，體會〔無為法〕者，有為與無為通稱為〔無為法〕。

因為其心已離〔有為與無為〕等諸法，稱為絕對的〔無為法〕，此乃真無為法。

〔無相佛法〕與〔相法〕差別很大，是正知見與顛倒見。不知〔無相法〕與〔相法〕的差別，於佛經不能入法義。正知見人，心不住相，不著二乘境界，雖現塵勞心恒清淨。所謂：〔為一切所應為，其心恒常清淨無為。〕

不識真性，學禪無益

終南山　圭峯宗密禪師果州西充人也。著〔禪源諸詮〕。禪是天竺之語。具云禪那。翻云思惟修。亦云靜慮。皆是定慧之通稱也。源者。是一切眾生本覺真性。亦名佛性。亦名心地。悟之名慧。修之名定。定慧通名為禪。此性是禪之本源。故云禪源。亦名禪那。理行者。此之本源是禪理。忘情契之是禪行。故云理行。

然今所集諸家述作。多譚禪理少說禪行。故且以禪源題之。今時有但目真性為禪者。是不達理行之旨。又不辨華竺之音也。然非離真性別有禪體。但眾生迷真合塵即名散亂。背塵合真名為禪定。若直論本性。即非真非妄無背無合無定無亂。誰言禪乎。況此真性非唯是禪門之源。亦是萬法之源。故名法性。亦是眾生迷悟之源。故名如來藏藏識（出楞伽經）亦是諸佛萬德之源。故名佛性（涅槃等經）亦是菩薩萬行之源。故名心地。

導讀：

禪是梵語，譯為思惟修或靜慮，當今教下習禪者，大都提倡不思惟、不起念，與原本的禪意相違。

禪要如何思惟修呢？

就是要思源，源者，是一切眾生本覺真性。亦名佛性、亦名心地、悟之名慧、修之名定。離此真性沒有禪體，習禪者當知，佛性（涅槃等經）是菩薩萬行之源，況此真性非唯是禪門之源，亦是萬法之源。不識真性，學禪無益。

如來真實義 體悟篇（貳）

直心是道場

直心其實就是真心，就是本來面目。

所謂直心即是道場，什麼是直心呢？

通常我們與要好的朋友相處，會戴一種和善、喜樂的面具，與普通的朋友相處會戴另一種淡淡如水的面具，與妻子、丈夫相處又是一種面具，與兒女是一種面具，與父母、師長又是另一個面具，乃至去莊嚴的道場又是另一種面具，自己在家修行又是一種面具……，到底哪一個才是自己本來面目呢？連自己也不知道了。

當然通通都不是自己的本來面目，這些都是意識心。講話時一條腸子通到底是直心嗎？不是，這是習性。路見不平拔刀相助，這是直心嗎？不是，這是習性。憑感覺走，不拐彎抹角是直心嗎？不是，這是習性。如果用習性之心或說用非本來面目去修行，所得皆幻果非真實，因為失去直心道場，因地不真，結果亦成幻。

若能直心則一切時中、一切處所無非道場，所謂【道場不在四天下，心如虛空真道場】，無所執著的心才是直心，如何體會這無所執著的心呢？

其實它就是本來心、本來面目。

當我們專心的工作，而忘記了煩惱、雜念，忘記八風，唯有一心在工作，不知有心與無心，不知有我與無我，它就是直心；

當我們專心休閒、登山、散步於大自然，而忘記了煩惱、雜念，忘記八風，唯有一心在休憩，不知有心與無心，不知有我與無我，它就是直心；

當我們專心吃飯時不挑剔，有什麼就吃什麼，而忘記了煩惱、雜念，忘記八風，唯有一心在吃飯，不知有心與無心，不知有我與無我，它就是直心；

當我們一心念佛時，而忘記了煩惱、雜念，忘記八風，唯有一心在念佛，不知有心與無心，不知有我與無我，它就是直心；

當我們禪坐、行腳、朝山、參與法會、聽講，而忘記了煩惱、雜念，忘記八風，唯有一心在禪坐、行腳、朝山、參與法會、聽講，不知有心與無心，不知有我與無我，它就是直心；

當我們睡覺時，沒有了煩惱、雜念，忘記八風，不知有心與無心，不知有我與無我，睡眠品質優良，它就是直心；

【直心】常常不經意的出現，只是不認識它而錯失了，直心簡單的說，就是娘生面，就是赤子心。

若能體認它，處處是修行、十二時中無有間斷，所謂『無行亦無止』。

天竺祖師曰：

心隨萬境轉，轉處實能幽〈清淨〉；

隨緣認得性，無喜復無憂〈無煩惱雜念〉。

如是乃真修行矣！

無染無淨即是真清淨，幻染又幻淨非真淨。

出世我相　名為佛性

大般涅槃經卷第七　如來性品曰：

世間之人，亦說有我；佛法之中，亦說有我。世間之人，雖說有我，無有佛性；是則名為於無我中，而生我想，是名顛倒。佛法有我，即是佛性。世間之人，說佛法無我，是名我中生無我想。若言佛法必定無我，是故如來勅諸弟子，修習無我，名為顛倒。

大般涅槃經卷第八　如來性品第十二

出世我相，名為佛性，如是計我，是名最善。

一切眾生，悉有佛性，即是我義，如是我義，從本以來，常為無量煩惱所覆，是故不能得見。佛性無生無滅，不從一切因緣生，是名常，常者即是如來，即是僧法。不為一切分別意識所攝持故名常寂。

導讀：

世間的人（世法）說有我，佛法之中（出世法），亦說有我。

世間的人（世法）雖說有我，不知有佛性，所以名為〔於無我中〕而生有我想，是名顛倒。佛法之中（出世法）說有我，就是說有〔佛性〕（不是斷滅無我）。

世間的人（世法）說佛法無我，是名為於〔有我中生無我想〕。（於有我中而令修習無我想）。

世間的人（世法）說佛法（出世法）必定無我，這是顛倒想。所以如來勑（訶責之意）諸弟子，修習無我，名為顛倒。〔脫落身心〕是名〔出世我相〕，名為佛性，這樣的了解真我，是名最善。

一切眾生，悉有佛性，即是我義。佛性無生無滅，不從一切因緣生，是名常，常者即是如來，此乃真我義，亦名佛性。

家鄉未曾遠離，依舊故在。

道本無言，因言顯道，若真體道之人，當下脫去身心之執，自顯本心，

豁然契悟，本來清淨，始知一切妄相，未曾動搖本體，一切貪憎癡與戒定慧，與本體了無相關，赫然自見歸鄉路，正是歷劫迷返，澈見本地風光，回首過去只是妄認而已，家鄉未曾遠離，依舊故在。

在歸鄉之路，行履自通達，隨緣應諸事，順逆境平等，秉性顯真法，貪憎癡無生，戒定慧無為，生死不能拘，邪念無所起，無縛真解脫，恬然安閒處，本然真法界。

以無所受而受諸受

阿含經說，中第一箭時，就不要再中第二箭，就是〔身受心不受〕〔以無所受而受諸受〕的道理。

一樣的撞到牆，會有不同的心理反應。

第一種狀況：

你自己用頭撞牆，〔碰〕〔唉喲〕

因為會痛，所以只撞了一次，就沒有再撞了，

解：原來身體的痛是有保護作用，可以讓我們立即停止被傷害的動作，如果是肚子痛，立即就醫，這樣身體才會因為〔痛〕而受到保護，不會等到整個胃爛掉了，還不知道，這樣

就會危及生命，這是身體自我保護的機制，不會由你控制要它痛它就痛，要不痛它就不痛，這是身體之道，所謂色類自有其道，你的心理方面也沒有任何怨恨，因為是自己撞的，所以只是身痛，心並不痛。

第二種狀況：

無緣無故被人強拉去撞牆，〔碰〕〔碰〕〔碰〕

雖然身體會痛，但是抓你的人並不會痛，所以連撞了三下。

解：雖然不是自願的，身體一樣會痛，一樣會警告。

你的心理方面，又氣憤又懊惱，好幾天都睡不好覺，雖然頭也不痛了，但是內心久久不能平復，無緣無故被強拉去撞牆，這股怨氣好幾年也不會消。

這就是佛經所說的，受了第一箭又中了第二箭，且第二箭遠比第一箭痛。

第一種情況：第一箭。

撞到牆身體也會有身痛的警告，但是他心裡沒有煩惱與怨恨。

第二箭是心痛，是冤枉承受的，因為它不會因而改變情況，只會加重病情，有智慧的人是可以避免第二箭的，至少可以減輕。

這就是〔身受心不受〕〔以無所受而受諸受〕的道理。

諦觀佛經，重建法會

靈山法會，儼然未散，佛常住於世，靈山就是眾生心地，在自心地重建法會。

「如是我聞」，是世尊遺教中，特別囑咐阿難尊者，以「如是我聞」作為佛經首，顯見其意義之重要。

但絕大部分譯經者，都譯為：是阿難尊者親所見、親所聞，以表示法會的真實性。

佛經真的要如此才會叫人相信嗎？

這只是依文轉義的解釋法，也就是學者之見，與行者之見大有不同！

其實，它有更重要、更深的涵義。

當行者誦經或觀經時，就藉由「如是我聞」進入法會中。「如是我聞」中，「我」是指觀經者，要觀想：「如是自己正親身參與所親聞的法會」。

「一時」，是指正當此時，不是當時或良時吉日。

佛在某某處，佛正現智慧光明神通，讓與會法眾及「觀經者」，頓斷一切雜念及煩惱，自然疾入諦聽狀態。佛只有在說法時才會現神通，用以莊嚴會場。然後觀經者，須依經義觀想法會的進行，將法會重建！

佛經大都以問答方式進行，有如一齣戲劇，所以很容易依觀想來重建法會，觀經者（自己）正是法會的法眾，佛正是對自己說法，諸菩薩及諸大弟子代替觀經者（自己）諮詢佛法，這樣才能得佛法真實意，感受佛所說之境界。這方能稱為「觀經」，否則是名「看經」。「看經」只是一個讀歷史故事的學者，難以入法會，難悟佛所說境界！

就像一場演唱會，若從報紙上看報導，或從電視上看，遠不如親身至演唱會場所感受到的真實，如此的感受，甚至言語文字難以表達的，何況佛所說境界的感受，更甚於此。

如佛於說法前所顯現的神通，只有觀經者，才能感受到，才能頓斷煩惱及雜念，乃至頓斷我相、人相、眾生相、壽者相，疾入諦聽狀態，感受無法之法，能去一切法塵，悟取般若智，是故法會可因「諦觀」而重建。自當發現並讚嘆佛常住於世，三百餘靈山法會，兩千五百年來儼然未散，實為末世眾生之福矣！

故金剛經曰：「若是經典所在之處，必為有佛」。且一切觀經之處，必為莊嚴道場。

心自心　境自境

若能自證心與境實不相礙，將會發現「心」有無礙的本質，與佛無異。

貪、憎、痴、慢、殺、盜、淫乃至生死等等，全是心與境相礙所生之覺受，當年世尊悟道後，仍於世間說法四十九年，彼時世間與目前世間，一樣存在著貪、憎、痴、慢、殺、盜、淫，乃至生死等等，所不同的是覺者之心與境不相礙，心自心，境自境，故不生貪、憎、痴、慢、殺、盜、淫，乃至生死等等覺受，而能與境相礙的就是攀緣心、意識心。

反之，能心自心，境自境，互不相礙的心就是本心，覺者能識自本心，故了生死脫輪迴。

生死只是一種習性，因執著四大之身而起，不執四大之身，並非不保護身體，而是可使身體得到更大的保護，不執四大之身，可去除對死亡恐懼的陰影，對死亡的恐懼會加快死亡的腳步，如此大無畏正是養生之道，可使身體享盡天年。

對本心來說：

若不攀著四大，則四大非我，四大聚合時非我生，四大散去時非我死，本心未曾有生死，本心本自涅槃，本心是無量壽佛。

阿彌陀佛，阿彌陀佛……。

原來彌陀念彌陀！

有、無〔殺盜淫〕都墮六道輪迴，如何出輪迴？

隨順殺、盜、淫則墮鬼類；縱使汝修得無殺、盜、淫亦入天趣。如何出殺盜淫此三種迷惑？

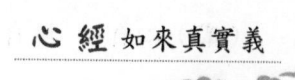

《楞嚴經》卷九

阿難！此等眾生，不識本心，受此輪迴，經無量劫，不得真淨，皆由隨順，殺、盜、淫故。反此三種，又則出生，無殺、盜、淫，有名鬼倫，無名天趣，有無相傾，起輪迴性。若得妙發，三摩提者，則妙常寂，〔有、無〕二無，無二亦滅，尚無不殺、不偷、不淫，云何更隨殺盜淫事？

阿難！不斷三業，各各有私；因各各私，眾私同分，非無定處，自妄發生，生妄無因，無可尋究。汝勖修行，欲得菩提，要除三惑。不盡三惑，縱得神通，皆是世間，有為功用，習氣不滅，落於魔道。雖欲除妄，倍加虛偽！如來說為，可哀憐者，汝妄自造，非菩提咎。作是說者，名為正說。若他說者，即魔王說！

導讀：

不識本心，受此輪迴，於輪迴中，不得真淨。

隨順殺、盜、淫則墮鬼類，縱使汝修得無殺、盜、淫亦入天趣，不管有或無，全墮入六道輪迴中。

若得識本心，自然能正覺正受（三摩提），以無所受，受諸受，既無所受，則本無殺、盜、淫這回事，何況更隨殺盜淫事。

一切殺、盜、淫只是誤認而有，故曰妄有三種迷惑。

這殺、盜、淫三種因〔誤認而有〕的迷惑，不管有殺、盜、淫或無殺、盜、淫，都是處於迷惑中，此三惑不除滅，縱得神通，皆是世間，有為功用，妄認的習氣還是不滅，落於魔道。

若不瞭解，想要除掉殺、盜、淫，倍增虛妄。

如來說為，可哀憐者，此殺、盜、淫本無，汝妄認而自造，不是菩提咎。作是說者，名為正說。若他說者，即魔王說！

譬如：有一愚人，妄見幻虎，一驚之下，持棍力打，怎麼打也打不死幻虎。

請問這幻虎是該打還是不該打？

此幻虎本不有，不管打不打，皆是愚痴。若打，倍增虛妄。

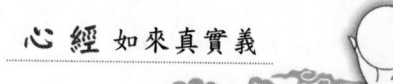

佛法即是真理

真理是十界眾生與萬物所共成的一個永不變易的道理，它是一致性的、無限的有效性的，且十界眾生皆無異，當我們因為無明而違背了真理，使自己受諸苦厄，然真理依然如故，不會牽就我們的慾望習性而改變，法爾如是故。

從另一角度來看，真理披於外境（無情）時則稱為自然法則；真理披於本性（有情）時則稱為心的本質，所以真理是有情與無情所共匯成的一個法則，沒有任何人、事、物能出真理之外，乃至任何神蹟、神通、科學的進步、複製人、宇宙奧祕，皆可從真理窺出全貌。

佛法也是真理的另一名稱，心亦不出真理的範疇，雖染習的意識心違背了真理，但也不能出真理的範疇，只是冤枉受諸苦厄，雖受諸苦，並不能改變真理，諸佛菩薩也只是順應真理，並不能改變真理。（若能改變的即非真理）

淨土化娑婆

有一天

彌陀大發慈悲，接引一切眾生至極樂淨土，佛國淨土黃金布地，瓔珞、瑪瑙等等七寶充滿其間，天樂天音不斷，其聲如翠谷黃鶯，悦耳，百聽不厭，佛國淨土的眾生不會飢餓，所以也不需要食物，眾生見境，歡喜充滿，不見可厭惡之人、事、物，這正是一切眾生嚮往之景緻。

但是眾生依然存著〔世間〕的執著及貪憎癡之心與名利之心，並不會因環境而改變，日子一天一天的過去了，每天看著這些七寶，沒有人會把七寶帶回家中，或據為己有，因為大家都有，沒甚麼稀奇，也不覺得有甚麼珍貴的，人們開始覺得無聊了，忽然有人從口袋中拿出一些娑婆世界的石頭及樹葉，人們非常驚訝，覺得非常珍貴，大家都想得到這些石頭及樹葉，因此動了貪憎癡、名利之心，開始有人提出條件，請你給我一點石頭，我做作你奴隸十年，從此人們分成主人與僕人，萬物分成貴與賤，物體有我的與別人的，擁有很多石頭及樹葉的人，開始被稱為﹝名利﹞雙收的名人，佛國淨土開始有了爭端。

一代一代的過去了，一些人們開始厭倦爭名爭利的生活，想找一個充滿石頭及樹葉的地方，人們想如果有這樣的地方，大家都有取之不盡的石頭及樹葉，就不會有爭端了。

這時候又出現一尊佛，告訴人們，離此地向東方幾百億佛土的地方，有一個娑婆世界，其地充滿石頭及樹葉，你們可以念此佛往生﹝娑婆世界﹞。

這時如來佛出現了，對眾生說，只要人們，除掉貪憎癡、名利之心，娑婆不異淨土、生死即是涅槃，一切佛國淨土唯心所造，始知眾生本來成佛，一切染、淨、生、滅皆如昨夢，原來淨土並不在他方，正所謂﹝唯心淨土﹞，心淨則佛土淨，目前不異西方。

如來真實義 體悟篇（參）

平常心即是道

本心其實只是一顆很平常的心，平常到難以置信！

只要專注一心，無煩惱雜念，不經意的會出現平常心。

一心念佛時，也會出現平常心；

專心禪坐時，也會出現平常心；

一心工作時，也會出現平常心；

專心打字時，也會出現平常心；

一心觀經時，也會出現平常心；

專心繪畫時，也會出現平常心；

一心開車時，也會出現平常心；
專心禮拜時，也會出現平常心；
一心朝山時，也會出現平常心；
專心唱誦時，也會出現平常心；
一心運動時，也會出現平常心；
專心運氣時，也會出現平常心；
一心耕作時，也會出現平常心；
專心調息時，也會出現平常心；
一心行腳時，也會出現平常心；
專心吃飯時，也會出現平常心；
一心禮佛時，也會出現平常心；
專心鋤草時，也會出現平常心；

一切時中、一切處所、行住坐臥，一心不亂時，自然出現平常心，平常心出現時，顯現清涼、安穩、清淨、寂滅，〈概略形容〉是名尸羅〈清淨戒〉四義的狀態，此時自然具足一切戒相，及一切功德嚴身，亦俱足十善，不犯十惡即是十善，所謂：不殺生、不偷盜、不邪淫、不妄語、不兩舌、不惡口、不雜穢語、不貪欲、不瞋恚、不邪見。一切眾生本來具足十善，此是無為善，徒處無為，自然具足十善。

即此不污染，諸佛所護念，但用此心直了成佛。但識本心，就能攝受一切法門，以一法而總持萬法！

一切處皆處於平常心，即是修行。

以此平常心處於十二時中，修行即能無間斷，自然無行亦無止，一切諸佛本因地，即是眾生清淨覺地，無二無別，為眾生不滅，成佛亦不增，不染不淨，清淨本然。

只因不識本心，心外求法，故生攀緣心，依攀緣心而生愛憎取捨，愛憎取捨不能順心，故起貪憎痴，久而成習。

依貪憎痴習性的深重與淺薄，妄見六道輪迴，產生諸苦厄。

盡管如此，其本心依然清淨本然，與佛無異，只是不覺不知，隨習性輪迴不止。有朝一日，忽悟本心，如夢初醒，六道輪迴有如一場夢，

本心依然如故，「無染無淨、無生無滅、無形無相、不屬有無、無高無低、無貴無賤、無新無舊、無愛憎無取捨……。」

還汝本地風光。

依如實智慧修行得名為佛

入楞伽經曰：

〔大慧！諸佛如來內證智法，常恆清涼不變。

大慧！諸佛如來應正遍知，若出於世、不出於世，法性常如（不變），是法軌則常如（不變），是以彼法性，一切聲聞、辟支佛等，亦不曾聞，亦不曾見，如是法體，非虛空中，毛道凡夫不覺不知。

大慧！以依如實智慧修行得名為佛，非心意、意識、無明、五陰薰習得名。〕

導讀：

應以如實智慧修行而得名為佛，不是以心意、意識、無明、五陰薰習得名佛。

如實智慧是內證智法，證明法性（本有如來性）常恆清涼不變，不管出世間（如佛菩薩）或不出世間（如眾生者），法性常如（不變），是法軌則常如（不變），證明如是法體，即生如實智慧（般若智或曰清淨智慧），以依如實智慧修行得名為佛。

不是以心意、意識、無明、五陰薰習得名佛，不識如是法體（本心體）者，以意識心薰習意識心，以無明薰習無明、以五蘊薰習五蘊，永不得真清淨，是故不得名為佛。

譬如污水洗垢衣，永不得真清淨。

心意識是幻、無明本不有，五蘊皆空，是故不識本心體者，以幻修幻、開空花、結空果，到頭來誤會一場，誠為可惜！

諸修學者，務必識自本心，不識本心，學法無益。

〔不識本心，學法無益〕這句話，修學者可以說都曾聽說過，但很多人都不當一回事，每一本佛經都能讓我們〔識自本心〕，並不困難。

只要不道聽途說，自己親身去體悟佛經，必能識自本心。

很多修學者，雖修學多年，但從沒看懂任何一本佛經，或根本不看佛經，然後說佛法不在佛經中。

【佛經中雖沒佛法，但佛法確由佛經指出。】豈能不懂佛經？佛經有清淨、扶正、薰習、作證等等功德。

微塵分析到最微細會成空嗎？

微塵不能分析成空，也不能用虛空聚合成微塵。

楞嚴經曰：

汝（阿難）今問言，由和合故，出生世間諸變化相。

導讀：【你今問說，由和合故，生出世間種種變化相】

汝且觀此一鄰虛塵，用幾虛空，和合而有。

導讀：【你看此一微塵，用多少虛空可合成一微塵？虛空實不能合成微塵】。

不應鄰虛，合成鄰虛。又鄰虛塵，析入空者，用幾色相，合成虛空。

導讀：【不應用微塵合成微塵，又若微塵可分析成虛空，

那麼整個虛空是用多少物質析成的？微塵實不能析成虛空。】

若色合時，合色非空。

導讀：【若可以合成色相的話，所和合者則不是空。】

若空合時，合空非色。

導讀：【若虛空可以合成的話，所和合成空者不是色相】

色猶可析，空云何合？

導讀：【物質可以這樣分析成微塵，虛空如何能和合成色相？】

相說佛法者，一直希望科學家能證明〔色即是空〕。質、能可互換，但空不能變成能量與質量，有人認為質量變成能量，就是空無，誤以為質量成空，其實能量非空無。〔色即是空，空即是色〕是心法，不是相法。

六塵本清淨

身為四大假合，此身畢竟無體，和合為相，復生六根，接觸六塵而生六識。

但此時六塵並無染、淨之名，因欲望而生分別意識；因分別而生取捨愛憎之緣心，合於己欲者，生愛取之緣心；悖於己欲者，生憎捨之緣心，而不知塵境亙古以來，即是：有成必有壞；有起必有落；有生必有死！這是自然之道，未曾改變過，當年釋迦佛也一樣，身處此塵境，未曾有例外；

而眾生愚癡顛倒想故，欲令塵境牽就「欲望」，誤認塵境為無常。

菩薩皆知，實為眾生心無常，非塵境無常。

佛與眾生同住此塵境，眾生心不淨故，見塵不淨，佛心清淨故，見一切大千世界皆清淨，而塵依然無淨無染，非先染後淨，亦非先淨後染，無淨無染，是名真清淨。

一切法皆無所得、平等、不二。

十方眾生本〔真如〕，真如（梵文：bhūta-tathatā）或如（巴利文與梵文：tathatā），真如者，最早翻成〔本無〕，後又譯為〔實空〕，因為很容易誤解為〔空無〕，產生〔空見〕。故最後始翻為〔真如〕。

所以〔本無〕〔實空〕是真如之義，把〔本無〕融入這些法門，就可了解〔無所得〕〔平等〕〔不二〕之實義。

一切眾生〔本然無我〕，而眾生執著〔有我〕，故佛說〔無我〕，眾生須體悟〔無我〕，若經體悟〔無我〕後，隨即證知自性〔本然無我〕，非經修行而得〔無我〕，如果眾生修習〔無我〕，那麼代表〔有我〕深植其心，不管怎麼精勤修行都是〔有我〕，既然是本然無我，是本來態樣，即是無所得。

自性〔本然無我〕，不是〔一味的無我〕，是故有我、無我皆名〔無我〕。

故曰：平等、不二。

又，一切眾生〔本然無生死〕，而眾生執著〔有生死〕，故佛說〔涅槃義〕，眾生須體悟〔涅槃義〕，若經體悟〔涅槃義〕後，隨即證知自性〔本然無生死〕（無生死即涅槃義），非經修行而得〔無生死〕，如果眾生修習〔無生死〕，那麼代表〔生死〕深植其心，不管怎麼精勤修行都是在〔生死〕中。

眾生印證自性〔本然無生死〕，既然是本然無生死，是本來態樣，即是無所得。

既然自性〔本然無生死〕，所以不是〔離生死而取涅槃〕，是故生死、涅槃皆名〔涅槃〕平等無別。故曰：平等、不二。

頓斷無明

六祖壇經曰：不識本心，學法無益。

因為若不識得本心，將於心外求法，不知萬法不出自心，但識得本來的清淨心，依此清淨智慧（般若智），亦名本起清淨，它是本有的清淨，依此清淨智慧能照破無明，了知無明實無實體，如空中之花，惟翳眼所見，實無無明可斷，名為頓斷無明。

譬如：吾人夢見自己身體生瘡，到處求醫施藥，及至醒來自知是夢，即已離夢，覓瘡了不可得，更不需施藥。

所以當吾人處於夢中無明時，妄見自心有生有滅、有增有滅、有染有淨、有來有去；醒悟時，知一切皆為妄見，自心依然無生無滅、無增無減、無來無去、無染無淨，從來沒有變動過，依此清淨心故，始知眾生本來成佛。

不生不滅

見境心不起名不生，不生即不滅，既無生滅即不被前塵所縛，當處解脫。

不生名無念，無念即無滅，無念即無縛，無念即無脫。

舉要言之：識心即離念，見性即解脫，離識心、見性外，更有法門證無上菩提者，無有是處。

真心者，念生亦不順生，念滅亦不依寂，不來不去，不定不亂，不取不捨，不沉不浮，無為無相，活潑、平常、自在。本性如是，無可知覺，譬如呼吸與心跳未曾停止，但我們經常不覺不知心跳與呼吸，因其為本能也，不為意識心所控制，如是觸目皆如，無非見性也。

習重者，於此難信之法必生畏怖

因為行者心中對佛法的概念，已經形成某種自認為之國度，其實因為觀念不正確，所形成的必非真佛國，佛經稱為「魔宮」，故聽聞正法時，有如欲振破其心中的魔宮（魔宮欲裂），而生畏怖。必將六種震動（六根震動），此時必須持經來修正觀念，不可固執己見。

學佛者應多看佛經，因為修學者如毛，悟道者如角，初學者又無法判斷，所以依經來判斷最不偏頗，判斷所說法是否契經，是否能貫穿整部經文，或講經時，能講經的原文，有人講經時，是講別人寫的經論。

據悉：自稱是佛教徒的人，有很多人不曾親自看佛經，只是道聽塗說而已，或只看論不看經。

佛法雖不在佛經，但佛經能確顯現佛法，佛雖沒有說法，但佛法確從佛而出。

是境無常，還是心無常？

世間生老病死、成住異滅，無始以來都是這樣，沒有改變過，這種不變的真理，應是常，而非無常。

在我們還沒到這世間時，世間存在著生老病死、成住異滅，如今我們來到這世間，世間也存在著生老病死、成住異滅，以後我們都離開了，世間依然存在著生老病死、成住異滅，這怎能說〔世間無常〕呢？

原來是我們把〔愛憎取捨〕的慾望，放入這世間現象界，愛生，憎死、愛成住，憎壞滅，但是不變的真理，它不會還就我們的慾望，依然生老病死、成住異滅，我們就說世間無常，又愚痴又顛倒。

佛菩薩皆知無常來自眾生〔愛憎取捨〕的心。

所以四念處，要我們〔觀心無常〕，非〔觀境無常〕，如果我們觀透了這個道理，不讓〔愛憎取捨〕之顛倒慾望蒙蔽汝心，那麼當下即成就〔觀心無常〕，觀心無常並不是把心修成〔常〕，只要證明〔無常來自愛憎取捨的心〕，然後證明自己無〔愛憎取捨〕，自然恢復真常。換句話說，若無愛憎取捨的心，何處有無常？

慈悲心的問與答

問：慈悲心也是對眾生而生起，若心無善惡，又沒有〔愛憎取捨〕，慈悲心又是藉什麼達成？

答：

1. 沒有〔愛憎取捨〕之慾望，〔順逆〕諸境無所分別，性本自平等故。正因無〔愛憎取捨〕故，不望回報、不取功德之心，自然而起，雖對眾生施慈悲心，若諸眾生或有以冤報德，則不生憎恨，或有回報，亦不加貪喜，恆處平常心，慈悲之心能無量發揮，無有止時。

2. 心無善惡，並不是不分別善惡，只是不執著善惡，但憑良知（性本善）。依然〔眾善奉行〕〔諸惡不作〕，因為不執著故，其意自淨（性本清淨故）。以眾善奉行故，慈悲心得以發揮。

3.沒有〔愛憎取捨〕一樣可以發慈悲心，因為慈悲心出至本能的良知，乃本有之四無量心慈悲喜捨也。

良知是本能的，是故當違背良知時，心則起伏難安，順應良知則心恆安穩。

佛眼清淨

諸佛菩薩佛眼清淨，故見一切眾生過去是佛、現在是佛、未來依然是佛，不管相信不相信，依然是佛沒有變動過，但因眾生於諸幻中，誠難取信，故如來說法，僅除去眾生諸幻而已，假名度眾生，實無眾生可度，如來所說眾生者，即非眾生，為說法故，假名眾生。

相對的，本無佛名，為說法故，相對於眾生，而安佛之名稱，若不識此，而欲成佛，反成為佛幻，眾生幻、佛幻同是幻，頭上安頭故，實無眾生無佛。

從另一角度而說：

既然眾生本成佛，無有眾生，自然也不須佛之假名，是故實無佛無眾生。

諸法無行經曰：若人欲成佛度眾生，是人為無明所牽。以無佛無眾生之正觀，說法除其眾生幻，假名渡眾生。實無眾生可度。

常起眾幻故名眾生，佛菩薩則悟無生。

真佛法絕對可以今生圓滿成就，非等來生再修。

佛經裡面從來沒有說過，來生再修的佛法。

乃至三世了不可得，何待來生？

還沒有現在的身體前，稱為過去世，現在有身體，從出生至以後死亡，稱為現在世，以後身體死亡了，稱為未來世。

我們用四大之身隔開了三世，身體是四大假合，非我有，如果不執著身體，或曰超出世間，那麼唯是一心，三世從何而分？

眼前的一瞬間很快的從未來、現在，又成過去了，

所以佛經曰：三世了不可得。

不識佛法者，才會癡等來世，心是超越時空的，如來為了不讓我們因不識本心，而執著於空間與時間裡，所以佛經裡的時間是以無量劫（阿祇僧劫）計算的，距離是以無量億佛土計算的，也就是說〔不識自心者〕，永不能成就。

正知見的建立，能讓現世生活中，諸苦不生。就在當下，能圓滿今生與來世，佛之知見不是犧牲此生成就來生的法門，而是一切時、一切處能得安穩、清涼、自在，無憂復無喜的本來樣，乃為極樂淨土。

說法不離自性

六祖曰：

吾所說法，不離自性，離體說法，名為相說。

如果不瞭解自性（不識本心），而說法，可以說都是相說佛法，就算依經文解義，亦成相說，離體說法故。

故曰：「依文解義，三世佛冤」。如果這樣的說法就像維摩詰菩薩所說，把穢物置於眾生的寶器中。

一般人見相即相，若能見相非相，即見如來本性，所謂相者，概稱一切四大假合，諸有為相皆是相。當今所說的「緣起論」，大都是「相說」的緣起論。把四大物質「分析成空」，然後說明緣起性空的道理。這個就是標準的〔相說〕佛法。

也正是離體說法，說法應不離自性，離體說法，名為相說。

楞嚴經說：

把色分析成微塵，然後說是〔空〕，這樣的道理是說不通的，如果色類能分析成空，那麼這個虛空是多少色類分析而成的，如果色類能析成空，

那麼能析成空的色類一定不是色類，若色類能析成空，那麼多少虛空能聚成一微塵呢，這樣的道理是說不通的。

楞嚴經曰：

阿難若此隣虛析成虛空。當知虛空出生色相。汝今問言，由和合故，出生世間諸變化相。汝且觀此一鄰虛塵，用幾虛空，和合而有。（用多少虛空可合成一為塵？虛空實不能合成為

塵。）不應鄰虛，合成鄰虛。又鄰虛塵，析入空者，用幾色相，合成虛空。（若微塵可分析成虛空，那麼整個虛空是用多少物質合成的？微塵實不能析成虛空。）

若色合時，合色非空。

（若可以合成色相的話，所和合者則不是空。）

若空合時，合空非色。

（若虛空可以合成的話，所何合成空者不是色相）

色猶可析。空云何合。（物質可以這樣分析，虛空如何能和合成色相？）

自心取自心實無能所

心性本來俱足的平等性智實無能所，有能有所非佛法。所有對治法都有能所，佛法不是對治法，故無能所，不管如何，觀察者與被觀察還是同一心體的作用，如實了解的當下，對立會消失！

那個時侯，本然的「無我」就呈現了，那就是無邊寬廣的心量，心量無邊自得〔無我〕。

為什麼觀察者與被觀察是同一心體的作用時，對立會消失？

因為被修行的本身即是修行者，我們唯有一心，譬如：左手與右手拉扯，當你了知實相時，就不再拉扯了，也就沒有對立了。

觀照法門也一樣，故能觀照與所觀，同時寂滅，因為能觀與所觀同此一心。若能知實義，作妙觀察，六塵唯緣影，緣影無高低、無貴賤、無凡聖、無香臭‧‧‧，即能得平等性智。

若得平等智者，即生清淨智慧（般若），得知一切法皆清淨，乃至慾嗔等諸垢皆清淨，本性染不得、淨不得故，一切染淨實為幻，眾生幻染又幻淨，諸佛實無染無淨。

〔心本無住〕，它是本來面目。萬法唯六塵緣影而已，萬法唯心所生，一切影像唯心所造，沒有對立，即本無能所，一切能所皆屬妄見。

如來真實義　體悟篇（肆）

心與物質的關係

1.佛經以地水火風作為一切物質的四大元素，包括身體及一切色類，並不以空為一切物質的基本，但以空性來形容自性心。

2.以地火水風四大元素假合物質，本非塵，透過六根映入心意識，方成六塵，映入心的六塵，並非有任何實際物質進入心中，乃是物質的緣影映入心中，所以圓覺經稱為六塵緣影，仔細想想看：吾人六根接觸四大物質，非有任一物質進入吾心，心只是攝受物質的緣影，然後分別緣影，執著緣影，才受到染污的，是幻染的。

3.六塵緣影實不能污染任何物體，更不能污染空性的心。譬如：在3D電影裡潑出了油漆，要污染他人衣服，愚者即驚慌逃竄，智者不即不離，知是緣影故，若愚者被染污，實是『幻染』，乃至想盡辦法欲洗淨，實是『幻淨』，愚者幻染又幻淨，智者始終不染不淨，菩薩照見五蘊皆空，始知眾生本來成佛，唯妄想與執著不能證得（證明）。

站在本心體的立場，不執著四大，才能見此境界，何況四大之身仍是心的六塵緣影。

4.因心無實體，愚者不能卸下執著的習性，所以執著映入心的六塵緣影，以為自己的心相，不知心本無相，當然亦執著眼前所見的四大身以為自身相，不知心亦無如是身相。

無相六波羅蜜

佛菩薩雖讚歎修行六波羅蜜之有為修行者，但了知：自性具足平等性無施、無受亦無物，即是布施波羅蜜；

了知：自性本無犯，即是持戒波羅蜜；

了知：諸法本無生、無滅、無盡無邊相，即是忍辱波羅蜜；

了知：諸法本不起、不生、無可行，即是精進波羅蜜；

了知：諸法本來不動、常定，即是禪定波羅蜜；

了知：自性本具佛智，本有智慧實性，即是智慧波羅蜜。

是故了知自性具足六波羅蜜，只須不為境界所動，一切皆是現成的。

真六波羅蜜者，無相、無為、無能、無所、永不疲憊，能於十二時中修行無間斷。

諸法無行經：

雖讚布施，而通達布施平等相；

雖讚持戒，而了知諸法同是戒性；

雖讚忍辱，而知諸法無生、無滅、無盡相；

雖讚精進，而知諸法不發、不行相；

雖種種讚歎禪定，而知一切法常定相；

雖種種讚於智慧，而了智慧之實性；

佛菩薩雖解說貪瞋恚之過，而知諸法空相，實無可貪之物；實無可瞋恚的對象；凡夫自分別，我貪我瞋恚，如是愚痴人墮三惡道。

佛菩薩雖示眾生三惡道怖畏之苦，而諸惡道唯自心，自受其苦，其苦亦無盡，非有地獄餓鬼畜生之有為相，若能如是體悟者，貪瞋恚自無生。

菩薩因此悟無生忍。

諸法無行經：

【雖說貪欲之過，而不見法有可貪者；
雖說瞋恚之過，而不見法有可瞋者；
雖說愚癡之過，而知諸法無癡無礙；
雖示眾生墮三惡道怖畏之苦，
而不得地獄餓鬼畜生之相。】

無行亦無止乃真如之行

發揮本有之清淨智慧，即可善觀察分別真如與意識不同之處，避免增長意識心而壓抑本性真如，所謂認賊為父，自家珍寶終不保。

楞嚴經曰：「諸修行人，不能得成無上菩提，乃至別成，聲聞、緣覺、諸天、魔王，及魔眷屬，皆由不知二種根本，錯亂修行。一者無始生死根本。則汝今者與諸眾生。用攀緣心為自性者。二者無始菩提涅槃元清淨體。則汝今者識精元明。能生諸緣。」

導讀：

一者，妄心是用攀緣心（識心）為自性。

二者，真心是無始菩提涅槃元清淨體（本性）。

若依識心修行者，則常見身心疲憊，精神恍惚，處處不自在，常為法縛，根本不能於十二時中修行無有斷；若依真心修行者，身心愉快，活活潑潑，清心自在，無所執著，隨緣應物，乃至恆順眾生，絲毫不為法縛，能於十二時中修行無有間斷，或曰：無行亦無止，表面上好像沒有任何修行，但其心實沒有不修行的時刻，名為真如之行。唯識本心者自知。

修行者與被修者同是此一心

修行者與被修者同是此一心，並無另有一顆心，當下提起正念修行時，即不見妄念心；但妄念心起時，即不見正念修行心，並不是真的會有正念心與妄念心的同時出現，因為我們只有一心，若不知此義，以正念心對修妄心，這樣的對治修行法門會讓妄念心長住心地，因為當下提起正念的時間遠比不提起的時間多很多，以提起或保持正念皆是有為法，有為法必將會疲憊，所以不能一直防備妄念心。

話說回來，妄念心也是有為法，有為法必將會疲憊，當妄念心與正念心皆不起時，即呈現昏昏濛濛的狀態，但此時並不是本來的清淨心，只是正念與妄念兩種有為法互相輪替，而呈現疲憊的狀態，雖無煩惱雜念，卻是昏沉的心，不可錯認，只因見地不真，不能得本來的清淨心。

圓覺經曰：善男子！末世眾生說病為法，是故名為（有為），可憐憫者，雖精進修行，增益諸病，不能入清淨覺。

煩惱畢竟解脫

煩惱雖生而無實性，雖有所受而須無所著，心性原本清淨，自當調伏。

如人初睡時，因意識心白天為八風所染，會想東想西，故不能即刻入眠，但只要不執著，自當調伏，不久即可入眠，因意識心是幻，無實性故。

心性本清淨，故自調伏，若另起意識心欲調伏此意識心，則將無法入眠；

煩惱亦復如是！只要不執著，煩惱將自泯。

若生貪憎癡等一切煩惱，而欲求解脫者，是無盡相（煩惱亦無邊），永世難成。

如除雜草，除東而西生，除西而東生，雜草亦為無盡相，故終生除不盡，是名生滅法。以滅止生，生生滅滅，累世難成。當知諸法皆如幻，幻即無生，勿於幻中求解脫，否則，此解脫正是進一步纏縛自性，永無解脫日！

知幻就是離，離幻就是解脫。

若能了知煩惱性本來清淨，故無生復無滅，則於第一義中，無縛亦無脫，名為「悟無生」。作如是解者，真離貪憎癡等一切煩惱過失。

若復煩惱有所生起，於第一義中而無所著，則是性本清淨，將自調伏，因煩惱從本以來畢竟寂滅，畢竟解脫。

若如是知，如是解者，即得如來一切功德法身，能作獅子吼，能轉大法輪，速得如來清淨法身。

志公和尚十四科頌：

菩提煩惱不二

眾生不解修道。便欲斷除煩惱。
煩惱本來空寂。將道更欲覓道。
一念之心即是。何須別處尋討。
大道曉在目前。迷倒愚人不了。
佛性天真自然。法性本來圓明。
了知諸法平等。翛然清虛快樂。

以戒為師

一般人只見有為的戒相，而不見無為戒，無為戒者，戒無戒相，或曰以無戒而戒，又名佛戒、心戒、尸羅。

尸羅四義：

尸羅者戒也，舊譯性善，華言止得、清涼。

談到「戒」，不是可以隨己欲而制定，出家僧人的戒不一定適用於在家居士，一定要配合居士的處境與職業，這都是有為有相的戒，故有不同戒相。但唯一共同的是「尸羅」（無為戒）本身的實義。

但少有行者注意到戒的實義，乃至依自己意識心的覺受，來訂立戒條，致使自己過著戰戰兢兢的生活，深恐無意間觸犯戒律，把自己囿於戒律中，不得自在，這對修行沒有幫助，只有束縛，更不是不放逸行。

尸羅有四義：清涼、安穩、安靜、寂滅。

都是心理境界，故稱無為戒、無相戒、心戒。任何戒行皆不能離開此四義，否則不名「持戒」。

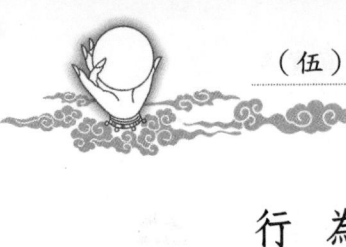

若戒律影響到清涼、安穩、安靜、寂滅之心境，就不能稱為清淨戒。菩薩行若生憂悲苦惱等情境，即是破戒，不名菩薩行，因為失去了清涼、安穩、安靜、寂滅的本來面貌，

世尊遺教經曰：以戒為師。

此戒又名清淨戒，能助行者疾入禪定解脫中。

若不識自心，盡名邪行

禪師風格一刀兩斷，令學人當下篤定，心無旁騖，脫落身心之世諦，斬除葛藤，每日行住坐臥一切言語，但莫著有為法，出言瞬目盡同無漏，呈現清淨心體，唯有這樣才能令學人直入法界，無絲毫滯礙。

若不識自心，盡名邪行。

黃蘗斷際禪師傳心法要　卷上

上堂云：「百種多知，不如無求最第一也，道人是無事人，實無許多般心，亦無道理可說無事散去。」

問：如何是世諦？

師云：說葛藤作什麼？本來清淨，何假言說問答，但無一切心，即名無漏智。你每日行住坐臥一切言語，但莫著有為法，出言瞬目盡同無漏。

如今末法，向去多是學禪道者，皆著一切聲色，何不與我心心同虛空去，如枯木石頭去，如寒灰死火去，方有少分相應。若不如是，他日盡被閻老子拷你在，你但離卻有無諸法，心如日輪常在虛空光明，自然不照而照，不是省力的事？至此之時，無棲泊處，即是行諸佛行，便是「應無所住而生其心」。

此是你清淨法身，名為阿耨菩提。

若不會此意，縱你學得多知，勤苦修行，草衣木食，不識自心，盡名邪行，定作天魔眷屬，如此修行當復何益？

佛教分三個時期：正法期、像法期、末法期

佛滅後五百年間，這時沒有佛像，因為佛法身無形無相，人們以腳印、法輪、菩提樹、金剛座代表佛法身。

因此修行者，不會著相修行，悟道者非常多，五百年後，離佛漸遠，人們想有禮拜的對象，及讓佛法傳萬年，因此，得道大德，依法身三十二相，以相表法，來製造佛像，開始有了佛像，故稱像法時期，大德們恐後世修行者，著相修行，正法將隱於像法中，因此造護法韋陀尊者，手持金剛杵，金剛杵者，無堅不摧，凡所有相皆可壞，唯虛空不壞，以表示破相護法。不令修學者，著相修行，方能使正法流傳，續佛慧命。

【破相護法】就是韋陀尊者的任務，像法時期維持了一千年，大約在六祖慧能下兩百年，都還在像法時期，這兩百年間，悟道者也很多，這時是中國佛教最興盛的時期，因為像法時期，修學者雖有著相者，但不著相修行者也不少。

像法後，離佛漸遠，修學者，果真如正法時期悟道者所料，幾乎全部【著相修行】，雖然口中說不可著相修行，但是乃至不知什麼是【著相修行】，以為不執著功德、福田，就是不著相修行，不知凡所有相都是虛妄，不知佛法本無相者，可以說不能不著相修行了。

佛法者，無相、無為、無能、無所、永不疲憊，故修行不間斷。

凡有相者，皆是有為、有能、有所、很容易疲憊，修行間間斷斷。

所以悟道者極少，乃至未悟者即上壇說法，使相說佛法充斥整個教界，正法難宣，而道聽途說的修行者，當然著相修行不能悟道。

雖然奉現了時間、財產、精神，乃至拋棄了家庭，出家修行，仍然得不到真正的無相佛法，只有走一步算一步，悟道一事，已經像天方夜譚那樣遙不可及了，很認真的修行而得不到正法，真是三世佛冤，這被稱為末法時期一萬年。

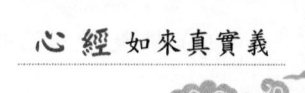

修行者應反省自己是不是有著相修行的因素在，因為不得不承認相說佛法充斥了整個教界，無相佛法就像開經偈講的，無上甚深微妙法，百千萬劫難遭遇。

正法期因為實相無相，佛亦無相，根本沒有佛像，所以著相修行少，悟道者非常多。

像法期是指開始有了佛像，故稱像法期，大家都宣稱自己所學是正法，但講出來的佛法都是有相、有為、有能、有所、容易疲憊，不能令修行不間斷的相說佛法，沒有辦法講出任何一個「無相佛法」，所謂實相無相，只是被當成口號而已，雖無相佛法須賴「有相」說，但須隨說隨泯，當下令悟無相佛法，故善說者無說；善聽者無聞，這並不深奧，只是每每於說法時，須令聽聞者轉識成智，恢復本智而已，因是本俱的，故無所得。

道非修而得，以正知見而得

道非修而得，以正知見而得，或曰入佛知見而得。

道從未離開，惟起妄心而不得見。

以無形無相故，見時不曰見；以本具故，得時不曰得。

馬祖道一禪師示眾

僧問：「如何是修道？」

曰：「道不屬修，若言修得，修成還壞，即同聲聞，若言不修，即同凡夫。」

又問：「作何見解，即得達道？」

祖曰：「自性本來具足，但於善惡事中不滯，喚作修道人。

取善捨惡，觀空入定，即屬造作。更若向外馳求，轉疎轉遠。但盡三界心量。

一念妄心，即是三界生死根本，但無一念即除生死根本，即得法王無上珍寶，無量劫來，凡夫妄想，諂曲邪偽，我慢貢高，合為一體。

故經云：『但以眾法，合成此身。』

「起時唯法起，滅時唯法滅。此法起時，不言我起，此法滅時，不言我滅。前念後念中念，念念不相待，念念寂滅，喚作海印三昧，攝一切法，如百千異流，同歸大海，都名海水。住於一味即攝眾味，住於大海即混眾流。

又云：道不用修，但莫污染。何為污染？但有生死心，造作趣向，皆是污染，若欲直會其道，平常心是道。謂平常心，無造作、無是非、無取捨、無斷常、無凡無聖。經云：「非凡夫行，非賢聖行，是菩薩行。」

瀑布雖如萬馬奔騰，其性無為

問：為何迦葉作舞，而不曾舞？

世尊因乾闥婆王獻樂。其時山河大地。皆作琴聲（回音）。迦葉起作舞。王問迦葉。豈不是阿羅漢諸漏已盡。何更有餘習。

佛曰實無餘習，莫謗法也。王又撫琴三遍，迦葉亦三度作舞。

王曰：迦葉作舞。豈不是習？

佛曰：實不曾作舞。王曰：世尊。何得妄語。

佛曰：不妄語。汝撫琴。山河大地木石盡作琴聲。豈不是。

王曰：是。佛曰：迦葉亦復如是。所以實不曾作舞。王乃信受。

覆：

作意而為乃習性，迦葉不作意而為則為本性，非習性，不作意而為，乃出於本性之本能，本性活活潑潑，聞樂本然而起舞，非作意而舞，三歲兒童聞樂亦手舞足蹈。

此時若作意令不舞，則為習性使然，壓抑本能，若不作意，雖舞其心實不曾舞。若作意不舞，雖不舞其習性正壓抑著本能，（因意識心認為修行者怎麼可以起舞呢！故不舞。）

如杵擊鐘，豈可令鐘不鳴？

若能於世法中，秉性而為，則雖為一切所應為，其心恆處無為。

〔真妄不二〕之實義

妄本無性，妄是真心的錯誤認知，並非實有，若能得正知見，妄亦即是真心，若以一佛乘的立場觀之，乃至妄心深重的眾生，其真心本無增減，本自具足，真妄不二，若是分為二，光明與黑暗，真與妄，這樣對治，不能了是妄，只是誤認，如幻見老虎食人，一場驚慌後，定神一看，只是一張畫，當下即無妄，無妄即真，當時的妄虎並無實體，而能妄者，正是汝之真心，所謂妄即是真之體。如果把真妄分為二，這就須展開一場真妄之戰，或光明與黑暗之戰，不管用什麼戰術，因為您已經把妄看成實體了，形成了對治法，就算汝每次都贏，妄依然存在，沒完沒了，故稱不了義。

站在一佛乘的立場來看，汝就像舉刀殺幻虎，幻虎死了一隻又來一隻，因為〔能所〕已立，能殺與所殺，將不斷重復演出，無有了時。

再舉一例：

如人鋤草不除根，縱然勤奮不懈，十坪草地雖也照顧的寸草不生，且經三大阿僧祇劫皆能照顧的寸草不生，但若失照顧，雖經三大阿僧祇劫，只須三十天後，雜草又長出，永無了時。

這就是不了義法。

所以說真妄不二，方名一佛乘了義之教。

應體悟妄心即是真心，兩者同體異名，若除妄別求真，此真亦妄。須真妄兩忘，方名覺妄，覺妄即真，如是名為「真妄不二」義。

輪迴是妄生相

問：「隨業受報，枉受輪迴，不能自止，然雖處輪迴中，其身中之覺性未曾有輪迴。」若不輪迴，那隨業流轉的是誰？

答：因依著眾生見，而現輪迴與不輪迴，實本無輪迴與輪迴者，時間未曾間斷過，只是看著四大的聚散，與環境的改變，我們稱之為輪迴，如果不依住四大為我，何處有輪迴？

一切的輪迴只是冤枉承受的，若能不依眾生見，輪迴與不輪迴實不存在。若能了四大無我（人無我），六塵緣影非我心（法無我），則業障本來空，做個無業人，逍遙於輪迴之外，豈不快哉！

有身與無身無礙我實性，六祖曰：身來身去本三昧。

若知身體非我，則生死由你不由天！

問：佛果真不斷煩惱嗎？

「生老病死」無從斷起，「憂悲苦惱」也不須斷嗎？

答：煩惱因誤認六塵緣影為實相而起，若能澈知六塵緣影是空幻無實的，煩惱自然無處可生，所以六塵煩惱皆無實性，故以「不即不離」強名為斷煩惱。若行「斷煩惱」之有為法，靜心思惟，其實就是執著煩惱之義。

故曰：以不住煩惱故，煩惱如空中之雲彩，自結自散，有誰還會去在意空中之雲彩何時結？何時散？以是義故，佛永斷煩惱。

又：生老病死並非無從斷起，若能澈知四大身非我，﹝真性﹞實無生老病死，生老病死徒留名稱而已，無實性，自然不去斷生老病死，因其而本自無，以是義故，永斷生老病死，或曰﹝了生死﹞，了是明明白白的意思，明白本自﹝無生死﹞故，因此了生死脫輪迴。

古德體悟此道理後，即曰：生死由我不由天！

若執著身體是我的，你的生死自然由天不能自己。

若知身體非我，則生死由你不由天！

如是體會自能了生死。

真心修持

佛說一切法，若能體悟其究竟無生法忍，就是真心修持者，若生起一切不善法，復又生起一切善法滅之，如此因意識心起一切不善法，復意識心又起一切善法對治之，就是生滅心，行生滅法。如此以幻修幻，修成幻果，聊表安慰而已，並非佛法真實義。

故經曰：生滅滅已，寂滅為樂。

也就是說：生滅泯滅了，寂滅就是本來樣，本然寂滅謂之極樂，非對苦而說樂，苦、樂是意識心感官的分別，苦樂是相對計較而生，全然無苦堪稱為極樂。

真心實無可修，以息幻強名為修，修與被修同是意識心的作用，修與被修同名為幻，故圓覺經曰：修行如幻。以幻除幻，幻滅法回歸本寂。

萬法與萬境

「外境經六根之作用，於色受想行識五蘊中反映而生的六塵緣影，方稱為萬法。萬法是自心所生；萬境是四大地水火風和合而成。」

六根與六塵合而生六識，六和合為一精明，一精明就是心相，也就是圓覺經所說的，眾生聚集六塵緣影以為心相。六根是心與外境相緣的管道，而所生六識只是緣影，並不是實物，心不能生實體物，只能生物體的影像，故經曰：心如工畫師，能畫諸世間。畫是影像而已，不是實體。

如看到樹，看到山，只是緣影映入心，非樹與山進入心中。

然後此緣影經五蘊色受想行識的分別，而成六識或八識，正因為六根是心與外境相緣的管道，凡是眼所見、耳所聽、鼻所聞等等，六根所觸及的外境，無非是法，而法所聚成的就是心。所以法即是心，心即是法。

因為我們都是經過六根才能與外境相緣，所以不管如何，既然是透過六根相緣進入心相的，它就是緣影，它就是法，它就是心。

也正因如此，常被誤解為外境就是法，進而誤推心就是境，所以心就與境分不開，有境就有心，自然無法「對境無心」；自然無法「以無所受之心，來接受諸境」（以無所受而受諸受）；自然無法「行眾善而心離其業，稱名為無業行」。自然心不能離境，而心常隨萬境轉。心隨外境轉，故有順逆諸境，因外有順逆之境，故內生愛憎取捨之心，迷惑真心，認物為己。世間法就是盡人事，聽天命，沒煩惱。這樣就夠了。這裡已經把佛法建立在世法上了，所謂離開世間法就沒有佛法了，

至於恆處無為，更是簡單，其間〔沒煩惱〕就是了，一切的煩惱境界都是被動的，煩惱無實性，是自己去承受的，煩惱境不會逼迫你，不會夾持你，如果你不理它，它拿你沒辦法。如果你承受了它（煩惱），你才會產生煩惱，證明煩惱性，就是你的菩提性，因為你用菩提自性去承受它，

本來煩惱境無性，你的菩提自性就是煩惱性，眾生都說自己很難解脫煩惱。

請仔細思維：

只要不作（執著）就沒煩惱，作（執著）了，就產生煩惱，只要無作，煩惱本無生，只須悟此〔無生法〕，方名佛法，亦名出世法。

一切的境相，皆為自心的緣起，自心緣起唯六塵緣影而已，只要確認六塵緣影，空、無相、無作，自然成就此三三昧，是為三解脫門。

若不知此法，雖勤修習，終其一生難解脫。

千萬不要起煩惱復又滅煩惱，這是生滅法，非佛法。

若能如此，你將為一切所應為（世間法），其心恆處無為（出世法）。

觀察自性實相

如來藏、真如、般若、心性、法界、一切種智、本來面目等等，都是從各個不同角度，來論述自性本體與作用的名稱。

自性並非具體的實存，因遍顯萬物而知其有。

如風無影無相，見葉動塵揚而知其有。

它就像一面無框無台的隱形鏡子，遍照萬物皆能顯。

當下只是純粹的顯現萬物而已！

因它清淨無染無雜，故可自由無礙的物來顯物，物去無影無著。

因為無影無著故無生，是名法身。

因為無礙而自在顯現於萬物，是名化身。因為四大聚散，非自性之生滅，自性無生無滅，故三世如一，清淨無染，故光明常在，名為報身。具足此三身，發明成清淨無染之智，名為般若。

此無染智入於世諦而不染，稱名為清淨法界，這即是自性的本質，亦即本來面目，佛法依自性的本質而開演，稱名為「本住法」，行者依本住法尋得內證，名為證道，即是覺悟者。此過程稱為「自身內證法」。

一切諸覺者，依本住法及自身內證法，開演出佛法修持之次第，及各種權實諸法，故佛法皆以顯自性（或曰見性）為終極目的。

故六祖曰：依此實性建立一切教門。

直心常顯現

直心就是無污染的心、就是純正的心、就是自淨其意的心、就是……，乃至直心就是直心，我們都可以用很優美的法句去形容他，如果只是可以用文字言語去形容他，而不能化為日用之行動來詮釋它，這樣的佛法又有什麼意義呢？

或說等我們悟道了，就可以一切都是直心了，其實若悟道了，連直心也是贅言了，其實佛法就在日用中實踐，這就是修行，不是一定要到道場，念佛、坐禪才叫修行，佛法要用在日常生活中，方能一切時中皆不離修行，使修行不間斷，也不是退休以後，才能修行不間斷，現在當下即能使修行不間斷。

把直心融入日用生活中，使一切時一切處皆是道場，都是修行中。

生活中也不能閉眼塞耳，獨自生活，所以真正體會直心就很重要了，佛法是非常圓滿的，不管出世入世皆能兼顧，是非常殊勝的法門。

它是真理的教育，不是宗教的迷信，盡人事、聽天命、沒煩惱，能於世法上行圓滿的佛法，雖然分三項，其實能作的只有盡人事一項而已，至於聽天命就不是我們的事了，因為已盡力了就是圓滿了，超出能力範圍的當然就由天了，不在意自然沒煩惱。

盡人事就是一心一意的把事情做好，其間是充滿智慧的，自然能於世法上建立佛法，所以專心、直心、平常心，都是有智慧的。

七佛通戒曰：

諸惡不作，眾善奉行，自淨其意，諸佛所教。

無業行與自淨其意

問：何謂無業行？何謂自淨其意？何謂三昧？何謂以無所受受諸受？

覆：既然一切都是緣起的影像，影像是空，所受即空，雖受諸受，其心自然無所受，心既然無受，自然不生諸業，故稱〔以無所受，受諸受〕即是〔無業行〕，無業行則其心自淨，自能〔自淨其意〕，三昧是指正覺正受，若真正的覺悟到〔萬法皆空〕唯緣影像故，自然能正受諸法，諸法既然是緣影像，正受諸法即是無所受，故正受又名〔無受〕。

問：〔脫落身心〕與〔無身心可脫落〕之別？

覆：一開始修學時，眾生因為執著身心，故須脫落身心，使心不執著〔身心〕，經久學成孰後，就發現〔身心本非我〕，身乃四大假合及依身所攀緣外境的緣心，此兩者，本非我（人無我、法無我），我實無身心可脫落。

問：何謂〔修行〕？念彌陀聖號就是修行嗎？修行目的為何？

覆：以正知見去除妄想執著的心，稱名修行，也就是去除過去〔妄認〕世界，所生種種習性。

念彌陀聖號也是修行的一種方便法，但必須了解自性即是彌陀，所以是彌陀念彌陀，這樣的念佛，以自心念自心故，自然無能念亦無所念，能所俱無，是真念佛，稱名為念佛三昧，即得〔以無所念而念彌陀〕或曰〔無念而念〕，自然十二時中不間斷。

修行的目的在於除妄，妄盡始知〔眾生本來成佛〕。

化三世為一際　圓成佛法　不癡等來世

眼前的一瞬間，已具足過去、現在、未來，因時間不曾間斷，也不曾自分為三，眼前已飛逝的一瞬間，包括過去未出生前的無數劫，統稱為「過去」；而眼前正面臨的一瞬間稱為「現在」；未來包括身體死亡，及無數劫後，稱統稱為「未來」。

這三世，其實已在眼前的一瞬間具足了。

既已得人身，即知過去已累積了福報。否則，必流落三塗！

此身是具足過去一切福報、罪報的受身，將接受自業力的賞罰，不管信與不信，都不會例外，就算沒有宗教信仰的人，也不例外。

人生必有順、逆諸境，應以「無業行」來欣然接受。若不知此「無業行」，將會承受諸順逆境後，又留下善惡業因。不管善業惡業都是業，此善惡業因，正是輪迴的根本。佛是「無業人」，故無輪迴。

若能欣然接受此順、逆境，自然無擾己心，不為境所累，煩惱無由得生。

若能了達其理，將顯現出不卑不亢，無怨無悔灑脫之心境，其中更無些微勉強或委屈之苦，此達觀的心境，是名真修行。

從正法來看，是沒有三世之分的，只是身體的變化而已！自性依然是真常不變的。

精進的修行者，應發揮智慧來修正自己的觀念，此觀念，將會使行者增進大智慧，切莫等來世。大乘法中三世了不可得。

遣煩惱於未生時，稱為無生法忍，莫待無邊的煩惱生出時，才除之不盡，滅之不窮。非但此生斷不盡，累劫亦難盡，因煩惱也是無邊的！

眾生本來成佛

佛說梵網經菩薩心地品曰：

『大眾心諦信。汝是當成佛。我是已成佛。常作如是信。戒品已具足。一切有心者。皆應攝佛戒。眾生受佛戒。即入諸佛位。位同大覺已。真是諸佛子。』

六祖壇經曰：汝等自心是佛，更莫狐疑。又曰：真如自性是真佛。

圓覺經曰：始知眾生本來成佛。

眾生其實本來就是佛，只因迷醉未醒，誠難取信，

但不管信與不信，過去是佛、現在是佛、未來依然是佛，

沒有改變過。

現在雖處於眾生幻，幻眾生，亦應諦信，自心是佛。

有朝一日，覺悟時，眾生幻泯滅，始知眾生本來成佛。

有人說：眾生有可能成佛，或有人說：眾生本來成佛是安慰語，這都不是如來義。

若說：眾生本來成佛，真如來義也。

不要把佛神化，然後追那遙不可及的神話，佛是人悟道而成佛。

如來真實義 體悟篇（陸）

為何要依了義，不依不了義？

（一）「第一義諦」，只論了義，不論不了義。

（二）不了義之教不是了義之教的階梯，了義之教是實法，不了義之教是依「眾生見」而說的，故於眾生較容易接受，但離實相甚遠（因眾生見即顛倒見），是眾生易信難悟之法；了義之教是實法，但於眾生見中較難以接受，（因實法於眾生顛倒見中，看似顛倒，故難以接受。）故實法是眾生難信之法，但它是實相故易悟。

（三）不了義之教，本身充滿欲求，如求成佛、求往生淨土、求出離生死入涅槃、求離苦得樂、求離我我所、求福慧、求菩薩諸地漸次增上、求往生西方等等，惟修行者不可生任何欲求，有求皆苦。

（四）了義之教，直示眾生見自本心、悟自本性，即知眾生本來成佛，即心是淨土，本自涅槃，寂滅為樂，本無能所，福慧具足，本無菩薩與眾生（佛、菩薩、眾生原來是空花，亂起亂滅）。自性本具足一切功德嚴身，不生不滅、不垢不淨、不增不減、非善非不善……。本自具足，非求而得，眾生由此悟入，還汝本來真面目。

（五）不了義之教，是是非非、似是似非，就算再給個數十年，仍不會有個定論或結果，因不了義之教沒有陀羅尼法，陀羅尼者，華譯「總持」、「能持」，是「佛的真言」，能貫徹一切權實諸法，故曰總持，能以一法總持萬法，而無一遺漏。但不了義法不能了一切義，故名不了義，修持此法無有了時！

（六）了義法有此陀羅尼法，能以圓融之清淨智慧，貫徹佛法究竟義，總持無量佛法而不散失；陀羅尼法能持各種善法，能遮除各種惡法，蓋菩薩以利他為主，為教化他人，故必須得陀羅尼。得此則能不迷失於無量之佛法，而在眾中無所畏，同時亦能自由自在的說教。所以得陀羅尼者，必能信解諸法皆是一相，能以一切法而作佛法。以是故，能貫通了義與不了義之教。諸法無行經曰：爾時文殊師利法王子白佛言：「惟願世尊！當說陀羅尼，以是陀羅尼故，令諸菩薩得無礙辯才，於諸音聲無所畏怖，能令諸法皆作佛法，又信解諸法皆是一相。」

（七）佛所說之經教皆為了義之教，但須能貫通全經，雖然其間有站在眾生立場而說的不了義法，但為令眾生入佛智而假說，不可斷章取義。

楞嚴經曰：【不將如來不了義說，迴為己解，以誤初學】。

理若不頓悟，如盲走夜路，四方皆易位，修行無可依。

問：「理則頓悟，乘悟並銷，事非頓除，因次第盡」是何義？

答：理則須頓悟，頓悟是悟知本性，本性既顯現，則乘悟並銷，也就是幻滅法寂，無法亦無悟，只是不再迷惑而已，是謂：乘悟並銷。

本性既顯，實無次第，唯長久累積下來的習性，須靠事修，因次第盡，是所謂「頓悟圓覺，漸修習性。」理的方面，即圓覺經所曰：「善男子！知幻即離，不作方便，離幻即覺，亦無漸次。一切菩薩及末世眾生，依此修行，如是乃能永離諸幻。」

理、事終須一如，但不能頓悟頓修者，則須「頓悟圓覺，漸修習性。」

是故頓悟則無出入，只待修「習」成熟佛果。

若有出入，則理未悟也！

問：頓必由漸，漸不必頓吧？

答：理若不頓悟，如盲走夜路，四方皆易位，修行無可依。

是故，六祖壇經曰：不識本心，學法無益！

但事可漸修，理頓悟如初生獅子兒，事修如獅子之養成，不久即能獅子吼（說法無畏）。理不澈悟，無法事修，如初生為狐兒，待百年養成，也是野干精。

理唯迷與悟，迷不是悟的前導或階梯，故理唯有頓悟，方名為悟理，悟理後方能事修。理不能漸悟，若在漸悟階段中，不能稱為〔悟〕，尚在迷惑中故。

一切諸修行，只是在修習性。本性本自圓滿，實無可修。若不識〔本性〕的修行，常常是壓抑本性，增長習性而不自知，佛經稱為：〔倍增無明〕。

問：吾認為：欲行了義教，先修不了義，登高必自卑，行遠必自邇，龍樹說：不依世俗諦，不得第一義諦！即是說此吧？

答：

（一）不了義之教並不是了義教的階梯，不了義之教，是不正確的觀念，只有越行越遠，經曰：依了義，不依不了義。「登高必自卑，行遠必自邇」，不了義之教不是了義教的「卑、邇」，而是不同方向。

（二）樹菩薩說的不錯，不依世俗諦，不得第一義諦，因為第一義諦是依世諦建立的，離開世諦，也得不到第一義諦的，但是世諦也是直通了義教，若得正知見者，世諦即第一義諦，無二無別，方便即究竟。

世俗諦與不了義不同，不可混為一談。

所證果地與因地同，故曰證道。

問：若真是果地覺與因地發心同，那裡還有「可證」的說法？

有所證，那就是未斷礙心。

但以眾生未離幻之故，所以就有出入。

答：所謂「可證」者，即是因地與果地兩者相契，名曰：「證道」，或曰「印證」。

如果如您所說「因地與果地」不同，由因地修到果地，兩地不同的話，則不可說是「證道」。應說是「到道」。換句話說，如果認為「因地與果地」不同的話，是見地不真，若見地不真，當然是理悟不澈之過。

您說：「但以眾生未離幻之故，所以就有出入。」，因為以幻相掩蓋實相，以眾生未離幻之立場談第一義，當然有錯亂之憾。

知第一義者，於眾生清淨覺地，豈會有出入！

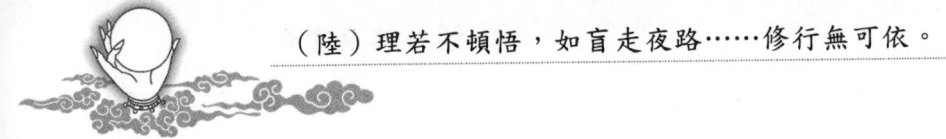

實觀〔貪憎癡〕，令〔貪憎癡〕忍於無生時。

不管作何種修行，見聞覺知都應正常存在，故煩惱起時會清清楚楚的覺知，只須不隨煩惱境起舞，即可恢復煩惱的清淨。不要以戒定慧去滅貪憎癡，這是對治法，也是次第的有為法，不是真佛法。

若這樣做，只會更鞏固了貪憎癡性，因為此時你已經附與貪憎癡實性了，而鞏固了貪憎癡在你心性中的地位，它就像一條鐵鍊，永遠鎖住了你，不得解脫。

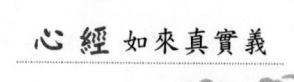

佛法是無生法，令〔貪憎癡〕忍於無生時。

正知見應如是觀「貪憎癡」：貪憎癡依無明而生，而無明者，非實有體，如夢中見自己貪憎癡，醒時了無所得，不須復入夢中去除貪憎癡，若入夢中除貪憎癡，那表示您仍在夢中不知夢，且夢中本身就是無明，貪憎癡乃是幻，非實有體，修習正知見者須如實知。

一切修持即次第；眾生與佛平等即所證。

眾生自言我貪、我憎、我癡，不知貪憎癡性即佛性，欲斷貪憎癡之心，本身即為貪憎癡性，以貪憎癡斷貪憎癡，即鞏固了貪憎癡，累劫難了，實無貪憎癡可斷。心若清淨無為，即無貪憎癡，無犯自性戒、無亂自性定、無愚自性慧，悟此即悟「無生法忍」。

生貪憎癡與滅貪憎癡均為妄想所生，然萬法本無生，於無生中自然圓滿。

無心即真心

「無心」，非斷一切見聞覺知，無心是眾生本來心，能見、能聞、能覺、能知，但一切無心之分別；無分別則無取捨憎愛；無取捨憎愛，則無貪憎癡（勿以戒定慧滅貪憎癡）；無貪憎癡，則無一切煩惱；無一切煩惱，則自度一切苦厄。

「無心」，非斷滅一切思想，一切思想乃能累積經驗適應生存，不可斷滅，若誤解將寸步難行，斷滅法是愚人法，墮無記空。

有平等不分別之心，方能有外境的平等，內外平等則自心清淨，自心清淨即得法界清淨；若見外境不淨，即是自心之不淨，非外境不淨。

佛與眾生同住此境，因佛本心清淨，故見塵境清淨實無塵。是名見塵非塵、見相非相。故曰：見相非相即見如來。

法界的認知

法界無有限量，世界有限量，所以佛經形容法界的時間是以阿僧祇劫計，其實是無窮盡的，以限量計根本不能到。

法界的距離也是以無數億佛土計，其實是無窮盡的，以限量計根本不能到。法界的容量更是不可思議，乃至算數所不能及。

下一位彌勒佛出世是三大阿僧祇劫後，或曰修行須經三大阿僧祇劫，到底多久？有一些人算出是56億年，其實阿僧祇就是無量數，豈止56億年！

但是不用擔心，心即法界，識法界者剎那即至，脫落身心是名菩薩，唯一意生身，故曰：菩薩能促萬劫於一剎那，剎那可至。

心有無礙的本質故，以執著為礙。

也就是說，以心法（無相法）剎那即至，心能超越時空，若以相法（世間法、有為法）則永遠不能至。

法界本體，非善非惡，善惡平等，清淨無染。當外觀身外之境，若無雜念，亦不受外界所染；外界無自性性故，亦當不能染，再內觀此不起念之心，即知善、惡是自心的妄分別，實無善惡之垢染，乃是眼翳所見之空花，一但了知此義，那麼，此微妙的心性，便空明朗淨，

此清淨之心，即是法界本身。

神秀大師的〔一塵不染〕與六祖慧能的〔無塵可染〕

六祖壇經裡，神秀大師曰：

「身是菩提樹，心如明鏡台，
時時勤拂拭，勿使惹塵埃。」

這句偈語，明顯「執著身心」而修，以身為菩提樹，以心為明鏡台故，見相為相、見塵為塵，非無相須，是故不能見如來本性，實相是「見相非相，即是見如來」。

又，未能勘破六塵本空，妄見實有六塵，以〔有〕故，須時時勤拂拭，就算拂拭得一塵不染，也是有塵可染。

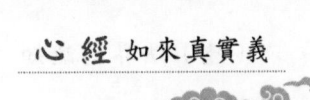

因此，五祖說神秀大師，入門未得，不見自性。覓無上菩提，了不可得。

六祖慧能曰：

「菩提本無樹，明鏡亦非台，

本來無一物，何處惹塵埃？」

這句偈頌，很明顯的，脫落身心，「實無身心」作菩提樹與明鏡台，一切境界唯心所生，而所生唯緣影境界，本來無一物，無心亦無相，能所俱無，何處有塵埃？

勘破六塵唯影像，實無塵可染，清淨本然。

神秀大師即是幻染又幻淨，所以須時時勤拂拭，勿使惹塵埃，實為「相修」佛法，有相故有染。能所俱足，是故不見本性，即使拂拭得〔一塵不染〕，也是有塵可染。

反觀慧能大師，脫落身心，見相非相，見塵非塵，唯影像故，是故無塵可染，亦無心受染，能所俱無，當然無「染淨」之名。

見相非相、見塵非塵即見如來本性。實〔無塵可染〕，是故此偈是無相偈，亦為見性論。

遠離〔有、無〕見之執著。

心經曰：色即是空、空即是色，是故諸法空相。但是不可執著此空，若執著則成空見，相說佛法者，亟欲科學家趕快證明外境物質是空的。這已經嚴重著相了。經曰：若無外境，云何成唯識？

諸法空相這個道理，每個人都可當下自證的，以諸法乃六塵緣影，當下自證諸法空相。不是請科學家證明，只因誤解物質是空的，即是外道六師之一，富蘭那迦葉，起邪見謂一切法斷滅空。

其實一切法本無有，何故說一切法本無有？

離於有、無之意識分別故，佛說〔唯識〕理，謂一切法空，令執著〔有〕之眾生知其所見無有外法，以遠離有、無一切諸著。

若執著一切法空即是斷滅，不解如來義。

入楞伽經：

大慧菩薩問曰：

世尊！何故令諸眾生離有、無見所執著法，而復執著聖智境界墮於〔有〕見。何以故？不說寂靜空無之法，而說聖智自性事故。〈執著有自性，亦是執著，墮於有見，自性實無自性性，乃寂靜空無之法，為恐眾生墮於落空，而生驚恐故說有自性，然此寂滅性即是，故曰〔無自性〕性〉。

佛言：大慧！我非不說寂靜空法墮於〔有〕見。

（大慧！我不是不說寂靜空法，讓眾生墮於有自性見）

何以故？已說聖智自性事故。

我為眾生無始時來計著於〔有〕，於寂靜法以聖事說，今其聞已不生恐怖，能如實證寂靜空法，離惑亂相入唯識理，知其所見無有外法。

悟三脫門（空、無相、無作三解脫門）獲如實印，見法自性了聖境界。遠離有、無一切諸著。

復次大慧！

菩薩摩訶薩不應成立一切諸法皆悉不生，何以故？一切法本無有故。

（一切法離於有、無之意識分別，故曰本無有，以本無有故，不應成立說一切諸法皆悉不生。）

行於佛法中能得〔眾善從之〕

心靈平靜，才能盡人事、聽天命、沒煩惱，他還可以讓我們得到最好的結果，不管他是否能成佛成菩薩，在當世之中，會得到最好的結果，也就是〔眾善從之〕。

『稱讚、名譽、利益、快樂』我們差不多都以這樣的目標在追求，但是我們真的得到了嗎？

也許我們得到的是相反的『譏笑、毀謗、衰微、痛苦』，不要以為總統，或是大企業家，雖住豪宅、吃盡山珍海味，為眾人所稱羨，但若說他們快樂的話，只是表面的快樂，其身心所受的痛苦，非一般人可理解的，這種的快樂是假的，因為他們身體及心理都很難得到健康，時常情緒都是緊張的，不能像我們這樣放鬆、這樣自由，所以唯有身心健康的人才是真正的快樂。

既然這麼打拼這麼有成就的人，都不能得到自己所要的『稱讚、名譽、利益、快樂』，我們又如何能得到呢？

先放下之前追求的東西『稱讚、名譽、利益、快樂』，不要管他了，我們只要盡人事、聽天命、沒煩惱就可以了，雖然分三種，我們能做的只有一種，就是盡人事，聽天命是上天的事，沒煩惱只要不用小聰明亂想，專心盡人事去作就是了，因為各人的能力不同，所以只要盡我們的力量去做，不管別人認為我們成功與失敗、如意或不如意，稱讚還是譏笑，我們都不放在心上，只要我們已經盡人事了，就要自肯我們已經成功了，不用跟別人比，個人能力不同，所以不要跟別人比，只要盡人事就可以了，因為我們盡人事，所以自然就產生一種誠意、努力腳踏實地的工作態度，因為聽天命，所以也不會怨天尤人，因為沒煩惱所以面常帶微笑，周圍的朋友、兄弟姊妹、親人都一定感覺的出來，這種工作態度一出來，有任何升遷的機會，一定很能讓上司提拔，不提拔這種人要提拔哪一種人？

好的事情都會以為是這種人做的，壞事也絕不會懷疑這個人做的。

我們雖然不去追求『稱讚、名譽、利益、快樂』，但是它卻自然來，

我們不叫人稱讚，但是稱讚會不斷的來，我們盡人事去做，不追求第一名，但是應該得到第一名的，也不會因為盡人事而

失去第一名，所以第一名還是第一名；有盡人事的我們當然比沒盡人事的我們賺的錢更多，利益更大；我們沒煩惱的心裡自然沒痛苦，身心健康才是真正的快樂。

這個情形就是『眾善從之』。

只要盡人事、聽天命、沒煩惱，我們雖沒有追求什麼東西，但是好事情總會跟著我們。壞事不會被懷疑是我們做的。

本地風光

地藏菩薩曰：地獄不空，誓不成佛。

一旦，體悟真道：

真如流露，佛現全身，地獄本空，眾生本無，

法爾如是，眾生即佛。回朔本願，已成無願。

若得真法，字字契入本性，法即無法，若不能契入，字字都是知識，法即成法縛，成所知障。

世尊說法49年，又說，若說如來有所說法，是人謗佛，不解如來義，佛說無相法故，說若無說，聽若無聞，句句契入本性故。

世尊依本住法，說十二部經。

本住法者，十法界眾生本來住的地方，禪師稱為故鄉、本來面目、本地（故鄉）風光，所以世尊句句都說著眾生的故鄉，若識故鄉者，則句句契入故鄉，因為我們都是從故鄉出來的，而找不到回家的路，所以流浪生死。

六祖曰：說法不離本體，離體說法，是名相說。

了解如來真實義，自然能貫通諸經，真理不是公說公有理、婆說婆有理的那回事，而是唯一真理。

靈驗與感應

修學佛法，最怕就是執著靈驗、感應等等，這樣說並不是否定了靈驗、感應等等，而是這些靈驗、感應是一種機緣相應而生，乃至外道人士若機緣符合，就會有靈驗、感應發生，不一定是佛教徒，而且有相當多的靈驗、感應，還只是巧合而已。

如果追求這些，真理就隱沒了，因為你已走入了岔路，目標就迷失了，而且此岔路沒完沒了，每個人的感應、靈驗都不一樣，依各人意識而有不同，若執著此境界，即入五十陰魔之列，都是自己五陰（五蘊）作祟。行者不能不慎！

覺悟者，只能說是告訴世人真理的存在，讓世人了解真理，讓人契真理而行，避免違背了真理而受諸苦厄。

而世人卻自以為聰明，不受諸聖教，只相信自己，是故讓自己不斷的折磨自己，而不自知，故曰：無明。

菩提心本然清淨，即眾生清淨覺地。

大智慧、大願、大悲、大捨，乃至慈悲喜捨，四無量心皆是菩提心本具之功德。與意識心不同，若能識菩提心自然能發揮本智、本願、四無量心等，因為是本具功德，故無須作意，自然而發。

所謂大智慧，即是本智，乃內發的。

所謂大願即是本願，非世間有為的慾求願。

菩提心從來未曾離開過，但問識與不識，識者，當下即得，不識者，相逢不相識，當面錯過。不管久學與初學，皆須重視自己的心性，莫依他佛。菩提心非修行而可得，應以正知見而得，正知見者，乃佛之知見，非世間知識，眾人本自有之，是謂本智或曰：佛智。

本智者，可證知：本來無一物，貪憎痴無生，戒定慧不立，無漏乃本然，非經作意使之無漏，本爾漏盡。

悟道非漸次，修習有次第。不悟道則不識菩提本性，一切修行猶如魔事，增益諸病。

若忘失菩提本心，雖修一切善法，名為魔業，因為一切善法皆依此菩提本心為真本。

所謂：因地不真，果遭迂迴。

六祖壇經曰：菩提自性，本自清淨，但用此心，直了成佛。

直了成佛，是說直接明白菩提自性，本來具足一切如來功德。

故曰：見性成佛。始知一切眾生本來成佛！

往生淨土真義

心如虛空，一切佛國淨土不出虛空故，往生唯心淨土！一切佛國淨土不出此心！

往生唯心淨土，即無能無所，亦無往無生，乃為〔往生〕真義。

所謂唯心淨土、自性彌陀。不來不去，一切隨緣恆順，本然自在，乃為彌陀本願。諸佛菩薩所發諸願皆為本願。

本願者，從菩提本性因地，發果地之願，稱為本願，一旦證果，契知法爾如是，本來就這樣，此本願當下即成無願，無願乃真解脫。

三解脫門者：空、無相、無願也。

彌陀願乃為本願，豈是世間有為願？
有來有往有能所，乃為世間欲求法，
豈是彌陀之本願？依本因地發果願，
證果時因果不二，如是本願即無願，
乃為如來真實義，莫謂彌陀有私心，
心若無住如虛空，佛國淨土盡在此，
自性彌陀接自心，無來無往真淨土。

淨土無處所，何有往來義？
自心無淨土，何處覓佛地？
彌陀無私心，眾生皆平等，
娑婆與極樂，心中自分別，
有念無念佛，彌陀皆齊渡。

〔三法印與一實相印〕是觀察唯一〔實相〕的印證

若得諸法實相者，則於南、北傳貫通無礙。一切之小乘經，以三法印印之，證其為佛說，大乘經以一實相印印之，證其為大乘之了義教。

一、諸行無常印，行有遷流之義，謂有為法。言一切之有為法，念念生滅而無常也。是為諸行無常印。

二、諸法無我印，行之名局限於有為法，法之名，通於無為法。言一切有為無為諸法中無有我之實體。是諸法無我印也。

三、涅槃寂靜印，言涅槃之法。滅一切生死之苦而為無為寂靜。是涅槃寂靜印也。

智度論二十二曰：「佛法印有三種：一者一切有為法念念生滅皆無常，二者一切法無我，三者寂滅涅槃。」

又曰：摩訶衍中說諸法不生不滅，一相所謂無相。」

玄義八曰：

「釋論云：諸小乘經，若有無常、無我、涅槃三印，即是佛說，修之得道，無三法印即魔說。大乘經但有一法印，謂諸法實相，名了義經，能得大道，若無實相印，即是魔說。」

智度論二十二曰：「得佛法印，故通達無礙，如得王印，則無所留難。

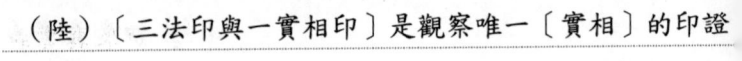

問何等是佛法印？

答曰：佛法印有三種：

「一者一切有為法念念生滅皆無常，

二者一切法無我，

三者寂滅涅槃。」

同二十曰：「若分別憶想，則是魔羅網。不動不依止，是則為法印。」

嘉祥法華疏六曰：「通言印者，印定諸法不可移改。」

證道歌梵天琪註曰：「古人云：諸佛法門遞相印可，一印印定，起畢同時，更無前後，故云印。」

常寂光淨土

常、即法身，為本然不異之體，法住法界故曰常，乃本住也。

寂、解脫也，一切諸相永寂，故得解脫。

光、般若也，照耀諸相本無之智慧。

常寂光淨土為〔常我淨樂〕如來四德所安立。

普賢觀經曰：「釋迦牟尼名毘盧遮那，於一切處，其佛住處名常寂光。

【常】波羅蜜所成攝處，

【我】波羅蜜所安立處，

【淨】波羅蜜滅有相處，

【樂】波羅蜜不住身心相處。」

是諸佛如來之所依所居，故名常寂光土。

雖言如來本住、所居，但無處所，乃心住心體之謂也。

以心住心體，故言非能所、非處所，唯自心地之稱名。

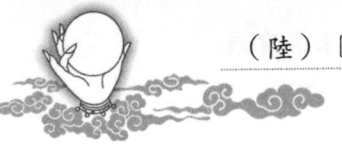

〔空性〕的名相意義

空性原梵文作：舜若多性。

空性是真如之體，真如本無體，以空寂為體，為互相授受故，勉強命名為空性。

真如者古譯本翻為〔本無〕，後又翻為〔實空〕，因為易讓後學者起〔空見〕，所以最後古德通譯為〔真如〕，寧讓後學者解釋為，真空妙有，也不可讓後學者產生〔空見〕。所謂：〔寧起我見，如須彌山，不起空見，懷增上慢。〕。當今諸學者，大都發揮在〔真空妙有〕上，雖非究竟，但也不會落入〔空見〕。

甚麼是空性呢？

就是我們的心體，眾生的心體到底有多大呢？我們來測測看，如果一切事物都不執著，我們的心到底有多大呢？實在不能以世間的一切有形有相的物體來比喻，所以佛經只能用〔虛空〕來比喻，其實世間的虛空當然還是不能比喻心之大，楞嚴經曰：〔當知虛空生汝心內，猶如片雲點太清裏，況諸世界在虛空耶？〕就是說，心中所生的虛空（註一），跟眾生的心體比較，猶如一片點綴在天空中，所以世界沒有任何東西可以比喻〔眾生無住的心體〕，梵文以〔摩訶〕來稱心體，也唯有心體堪稱為〔摩訶〕，因為漢字找不到足以翻譯的字，故不翻。〔摩訶〕是絕對的大，不是世間相對的大。

為什麼心體稱為空性呢？

因為我們的心不能容納任何實體物質，但卻能攝受無邊無量的物質影像，譬如我們從以前到現在，已經觀看億萬種的物體，也已經攝受這些物體的影像在心體裡，往後我們也可以繼續攝受無量無邊的物體影像，而且就算再多，也不會塞車，雖然攝受無邊無量的物質影像，但是心體依然是空無一物，故稱為〔空性〕。

心體雖然稱為空性，但能造諸物體影像，我們看到任何物體，當下心即造出此物體的影像，是故心能造諸世間。譬如鏡子能造諸物體影像。

心無實體，故不能容納任何實體，但能製造並容納無量無邊的物體影像。

為什麼說心能造諸物體影像呢？

譬如有二十人在看一艘大船，這二十個人心中都有能顯現一艘大船，若有一萬人來看這艘大船，此一萬人心中都能看到一艘大船，而外境就只有一艘大船，這就證明了一件事，每個人的心中大船是每個人心體自己製造出來的。同時證明了〔萬法唯心所生〕，又可證明〔萬法空相〕，因為唯心所生只是影像而已，影像是無形無體的，故是空相。

註一：當知虛空生汝心內。

當我們看世界的虛空，虛空的影像就生在我們心內。

真清淨

本心實不染不淨是名真清淨，也就是說，作眾生時本心無染，成佛時，本心亦未曾淨，其間眾生所見之染淨，實是幻染又幻淨，本心雖歷恆沙劫，依然沒有染淨，也沒有染淨之名，為了解說此狀態，說名為『不染不淨』，是本然的狀態，其餘一切中道義，不增不減、不來不去、不有不無……等等。

本自如是，若不識本心，學中道義亦無益，只是理論而已；若識本心，一切中道義，自然明白，因為本心就是此義。

色、聲、香、味、觸、法，於識本心者來看，只是六境，如鏡照物，清淨無塵、無染。

色、聲、香、味、觸、法，於不識本心者以攀緣心看來，即成六塵，是名染著。

很單純的色、聲、香、味、觸、法化為色塵、聲塵、香塵、味塵、觸塵、法塵。是故同一境相，覺者所見非塵，迷者見六塵，六境與六塵是悟迷之別，體同名異。

佛法與佛教

佛法浩瀚無邊，能遍一切處，亦能盡一切時空。不管時代如何的變遷、環境如何的不同，皆無礙佛法的受用與修行。

然教法必須不斷的改變，以適應變遷中的環境，如果教法沒有改變，將不被眾所接受，佛教則無法常傳於世。

但是不管教法如何的改變，其所顯現的佛法是不變的。

譬如：不管時空的變遷，古月還同今時月，而標月指會因所在地不同，其所標之方向亦須調整。如此的佛法才是眾所要擔荷的如來慧業，能永續傳萬代，亦能普傳一切有情。

佛經（教）裡沒有佛法，但佛法確出自佛經（教），所以如果執著於任一教法，必不能見佛法。

譬如：標月指裡沒有明月，但明月卻從標月指所指出的，所以如果一直看著手指者，此人必不見月，若見月者，則隨處可指出明月之所在，而不滯一法。

見法性者，自然能依此實性建立萬法。

亦可從萬法中見到此實性，故名通達一切法。

六塵本清淨

六塵原本是清淨的，經意識分別後，加入愛憎取捨，才誤為六塵不淨，若得清淨法眼者，即見塵非塵，何處惹塵埃？識得如來本性後即見原本的清淨六塵。

當年世尊悟道解脫後，眾生所見世間依然是六塵，然世尊所見是清淨的六塵。

佛菩薩並非修六塵以達一塵不染而得成佛，而是法眼清淨見六塵非塵，恢復清淨六塵，故無塵可染，亦無染淨之名。

眾生誤認六境即六塵，故時時勤拂拭，意恐惹塵埃，時染時淨，累世難了，只因法眼不淨見境是塵，何時得離塵埃？

經云：見相（塵）非相（塵）即見如來。

眾生本具之如來德相

眾生本具如來智慧德相，只因妄想與執著不能證得。

佛法浩瀚無邊，眾生形壽有限，表面上似乎無法容納一切佛法，常使行者不敢相信如來所說：「眾生本具如來智慧德相」，而失去承擔「眾生本來成佛」的勇氣！

佛法雖無邊，而眾生皆有個無邊的大法器，大時可納虛空，而小時卻不容芥子，它就是眾生的心！

眾生的心，因妄想執著於我能、我所而縮小了；反之，若無所執著，其心必大如虛空。

心量的狹窄，同時侷限了智慧的發展；心量的擴大，其智慧也會因無所滯礙，而發展到無邊無際。若真心實踐即可證得！

心量的擴大，全憑心意用功夫！

只要內心不執著，則心量自然擴大，不須用意擴大，它並不影響物質生活，而物質也不會因心量擴大，而有所損失，世俗事物的處理方式，也和過去一樣，無須改變，不同的是心量的擴大，使精神生活更豐富、更自在、更快樂。

而憂愁與煩惱，也因不執著而自然脫落，智慧也因無滯無礙而大力增長，並能促使心量不斷的擴大，而心量的再擴大，也會促使智慧無限量的增長，大心量與大智慧的互輔互成，終致完成無邊的心量，與圓滿的智慧！

無邊的心量與圓滿的智慧，是眾生的法寶，眾生因擁有此法寶，而具備了如來德相，故眾生本來成佛，只因妄想與執著而不敢承擔。

若不信此，縱使數十年苦行，智慧和心量還是停留在原地，只徒增多聞，及或深或淺的戲論罷了！

佛法雖浩瀚無邊，其實也是由心生，故人人本性已具足萬法。

金剛經曰：應無所住，而生其心。

此心應無所住（執著），大如虛空，應無所住，故亦無虛空之相。

故六祖言下大悟曰：「一切法不離自性。」

逐啟祖曰：

何期自性本自清淨，何期自性本不生滅，

何期自性本自具足，何期自性本不動搖，

何期自性能生萬法。

自性與靈魂

自性與靈魂（梵我）有很大的不同，自性本來遍虛空，故佛經以摩訶來形容，摩訶是指無限的「大、方、廣」，它是無邊的，故能遍一切處，無所不能及，一切佛國淨土、娑婆穢土、魔宮、地獄……等等，無能出此「自性」。

我們的心量也是無邊的。

但若心生妄想與執著就會失去這原本無邊的「自性」，因先妄執身體為我，然後依六根所接觸世間的東西，都希望它能加上「我的」，我的國家、我的天地、我的家庭、我的戀人、我的兒女、我的田園宅第、我的朋友、我的身體、我的……。

終至一離開這些東西，就變成別人的，無邊的自性成了非常有限的意識攀緣心（緣心），然後隨著此緣心（執著心）生出強大的「愛憎取捨」分別心，心眼變得非常狹小，什麼事情都看不慣，衍生一切煩惱。雖然不久身體滅散了，但執著的心並沒有改變，如蝶戀花、蠅戀屎，還是會找緣心所執之處受生，所以輪迴不止，把自性變成所謂的靈魂。

若能識此自性，實無輪迴與靈魂之輪轉。

唯有「清淨不二的自性」，故佛教不是梵我論。

如今想脫輪迴了生死，又不識自性，所以不管如何的修行，仍在靈魂與輪迴中，不能出六道。

很多念佛法門，於不知不覺中，落入了靈魂觀，不認識本性故，死於此而往生淨土，這就是靈魂觀。

淨土宗古德提倡的〔唯心淨土〕〔自性彌陀〕，是本心的淨土與自性的彌陀，也就是自性接引自心，往生本心淨土，無往無生、無能無所，乃真淨土也。

所以佛法不同於印度外道的梵我論《靈魂說》。

唯心淨土

心到底有多大，我們試著把心的任何執著都放下，乃至連〔放下〕之意念也不存在，正當此時，其實我們也不知道〔心〕有多大，勉強說只覺是無邊際而已，佛經或古德總是用〔心如虛空〕來形容它，乃至亦無虛空之相。

總之，有相、有邊際，皆不是心的狀態，所以在〔心如虛空〕的狀態下，沒有任何佛國淨土能出此心之外，縱在無數億佛土之外的淨土，亦不出此一心，唯除執著者，不能識。

有〔念佛〕法門，亦攝於此心，欲往生淨土者，當以〔無相念佛〕，應不生異心、不生私心、不生欲心、不生所求心，乃至往生淨土之心亦不生。自然能達〔念佛三昧〕。

智度論曰：【念佛三昧能除種種煩惱，及先世罪。】，所謂：【一句彌陀，滅罪恆沙】，豈是虛言！

此人乃名真正念佛行者，確定能往生極樂淨土，因為正當此時，即心即淨土，無二無別，此乃真不二淨土。

若生異心、生私心、生所求心、乃至生往生淨土之心，此人不名念佛人。

淨土不止佛經所提出的有名稱的，也有不知名的，有恆河沙數佛土，也有恆河沙數佛，心如虛空故，即心即佛故，恆河沙數佛土與恆河沙數佛，盡在此心中，阿彌陀佛即是無量壽佛，無量壽佛即是自性佛，佛佛平等，只是名稱不同而已，但專心念一佛、舉一佛土，則佛佛俱到，眾生雜念多，意見不一，故專薦一佛，則萬佛俱薦，只要能認識自性佛（見自性），即識恆河沙數佛。

當然無量壽佛有其實意，意味眾生即是無量壽佛，皈依阿彌佗佛就是自皈依。

一切眾生實處於法界，非處於世界。

眾生只見四大假合的色類，不見由心所生之色蘊，因此，眾生只見世間，不見出世間（出世間即法界）。

而菩薩唯見一實法界。因為世界是唯心所現之「色蘊」，色蘊即是法界，十法界眾生唯此一心故，不能離此心而另生一心，來「旁觀」心與境的關係，是故菩薩唯見一實法界。

而世界只是眾生誤認「身心」為我所生的產物，故只見「色類」，不見「色蘊」。換句話說，眾生只能見世界，不能見法界。

一切四大假合之物，包含四大之身，是世界。

但於諸佛菩薩的清淨心所見，見一切眾生實處於法界，非處於世界。

換句話說，一切眾生是活在心境裡，不是活在環境裡。眾生本來住在法界，只是不覺不知而已。

心有五蘊，色蘊、受蘊、想蘊、行蘊、識蘊，皆為六塵緣影，只是影子故空相，菩薩照見色蘊空故，受、想、行、識，亦復如是。

仔細觀察，我們所受的一切苦厄，原來只是受到「六塵緣影」的折磨，並不是有任何實體，能折磨到我們的心，譬如：颶風吹不動陽光，又如：竹影掃不動落葉。所以一切的憂、悲、苦、惱、愁等煩惱，是我們冤枉承受的。換個角度來看，這些煩惱境界是被動的，只要我們不理它，它奈何不了我們，只要我們不理它，煩惱境界最終將沒有生起的機緣，自然能體悟「煩惱本自無生」，進而悟此無生法忍。而且世間之物，最多只能傷到身體而已，不會傷到我們的心；而身體的痛，只是身體的本能，讓我們知道身體有受到傷害，進而尋求醫生的協助。所以身體的痛，是身體自我保護的機制，也是好的機制，並不是把身體修成無痛無覺。

然而心的痛苦，遠勝於身痛，心若不苦，則身痛即能減輕，而眾生常常是身體好好的，而心痛不堪，就是誤認六塵緣影為實有，而被影子折磨。

應觀法界性，一切唯心造

心本無形無相，應物而生，如鏡之照物，不但心中顯現物體，同時亦顯現能顯物的心體，而心所顯的只有影像物，此影像物不是有實體，只是唯心所生，經過這樣的瞭解，而體會其境界，此內心境界稱為「出世間」或法界，故曰「萬法唯心生」，或曰「應觀法界性，一切唯心造」。

而外境的物體，包括四大之身，是地水火風四大合成物，有實體，是有相、有為的，非心所造，稱為「世間」。

以一切有情唯是一心故，因為「四大之身非我」，所覺受之世間萬物，唯影像故，而此影像是自心所生，法即心故，實無「能所」。

亦因影像唯心所生，亦即萬法唯心所生，是故，即心即法，見法即見心。此心能攝一切世間法、出世間法，依於此心，能顯現一切大乘無相法，無相即實相。

此色蘊即是心，菩薩見物（色蘊）即見心，見法即見心。若能如實的體悟「色蘊」唯心所生，那麼以下法句之真義，自然一一顯現。如：「萬法唯心所生」、「諸法空相」。

華嚴經所說：「若人欲了知，三世一切佛，應觀法界性，一切唯心造。」又如：「法界唯心」等等。

相法與無相法

觀經時，不要看文字的表面意義，要諦觀（觀想）文字所表達的內心境界，這樣才能體會「無相」的佛法。

譬如：要觀看「標月指」所指的方向，不可只看「標月指」，方能徹見月亮。佛經即是「標月指」。

如何判斷是「相法」？如何知是「無相法」？

「相法」者，即世間法，是有相、有為、有能、有所，修行時不能不間斷，常生疲憊，修行與生活不能結合。

「無相法」者，即出世間法，是無相、無為、無能、無所，修行能十二時中無有間斷，無得疲憊；修行就是生活；生活就是修行。

常見說法者，講經時講得好像還不錯，但修行時是一套，日常生活又是另一套，經典、修行、生活三種不能相融。

佛法修學，必須是修行、生活完全結合在一起，並且默契佛經，三者一體不可分，這樣才能十二時中修行無有間斷。

更重要的，佛法不是犧牲此生成就來生的法門，而是修行的當下必能圓滿今生與來生，乃至超越過去、現在、未來三世，進而能體會三世了不可得。

佛經所說女轉男身是何義？

知自身有如來性者，乃大丈夫，此等為男子也。

佛陀在《首楞嚴三昧經》中說：「善男子！發大乘者，不見男女，而有別異。所以者何？薩婆若心，不在三界，有分別故，有男有女。」

在《涅槃經》裡，佛陀說：「若人不知是佛性者，則無男相。所以者何？不能自知有佛性故。若有不能知佛性者，我說是等名為女人；若能自知有佛性者，我說是人為丈夫相。若有女人，能知自身定有佛性，當知是等，即為男子。」

摩訶衍般泥洹經：

若有眾生不知自身有如來性，世間雖稱名為男子，我說此輩是女人也。若有女人能知自身有如來性，世間雖稱名曰女人，我說此等為男子也。如是，善男子！此《摩訶衍般泥洹經》，無量無邊功德積聚，廣說眾生有如來性，若善男子善女人欲得疾成如來性者，當勤方便修習此經。」

迦葉菩薩白佛言：「善哉世尊！我今修習《般泥洹經》，始知自身有如來性，今乃決定是男子也。」

若識得如來性者，如來性無男無女相，因眾生執愛男相故，假名男子，故經曰：女轉男身。

無上菩提正修行路

眾生本具之因心，即如來所證之果覺；

如來所證之果覺，即眾生本具之因心，無異無別，除此之外別無所修，別無所證，雖言修證，只是引導語，因是本具故，實無修無證，勉強的說，只是默契或曰恢復本來心而已，不立能所。

以這樣的體悟，可作為精進之目標，則無上菩提必定可成。

眾生因為不知煩惱根本，隨執六根攀緣六境即起六識，隨所作善惡諸業，流轉生死，受諸善惡果報，若能仔細觀察，善惡之果報即是順逆諸境，順逆之境乃慾望的順逐與否，而分別為順與逆。

再進一步觀察：

順逆之境乃自心的愛憎取捨而有分別，若能以平等心去接受諸境，順無喜、逆無憂，一切境界欣然接受，自然能〔以無所受而受諸受〕，如此即入〔真三昧〕，三昧者，正覺正受也，正受即無受，所受之報本來虛妄不實，只因妄執而有，窮究妄執之源即是煩惱根本，無上菩提正修行路成立，則無上涅槃必定能證。

佛法是無諍法門

佛法是覺悟真理的唯一途徑，有人稱它為覺悟之法，有人直接稱它為真理，因為當覺悟到真理時，佛法本身就是真理。此真理非佛教獨有，乃萬教所共通，宗教若離真理，即是邪教，而且真理無所不在，佛法亦是無所不在，或許我們可以在一個工人或農夫身上看見佛法，或許他們不知道甚麼是佛法，但是他們卻行於佛法中，因為佛法不屬知與不知。

真理無形無相，當然也無法用言語及任何文字來形容它，但是它確實以某種現象存在，並且不管有情、無情都無法離開它，若靜下心來必會發現，它存在於任何時候及任何處所，更能進一步發現它從來沒有變動或更改它的軌則，所以佛經也稱它為真常。

但是為了闡述真理，讓更多人認識它，就必須假藉文字、言語及任何表示來表達它，惟所有辭彙都有引發爭端的可能，或有存心找碴的，必會如願。

所以楞伽經曰：一切立法者，皆有其過，知唯心者，彼不墮此過。

但有意澄清觀念，認識真理的人，也會達成，惟必須甘心略過這些爭端，因為執著這些爭端，將抵制認識佛法的契機，這些佛教方便法的討論勢必引發爭論，因為他們所依據的是各自信仰，並不是依據真理，所以便有被接納或否定的可能，方便法因為依根而立，因人而異，所以不可能有能令所有佛教行者都可接受的方便法。

真理必須是所有佛教，不分顯、密，不分南傳、北傳、藏傳，乃至所有眾生能接受，並能普及的，而且是必須的，然佛法（真理）是無變異的，而信仰常常是迷信的，唯有真理才是各種佛教（方便法）共同的目的，也才能一以貫之。

若能達到佛法（真理）的境地，諸辯自然平息，之前所略過的爭端，在這裡毫無意義，佛法（真理）是無諍法門，如果不甘心略過這些爭端，將停滯於信仰上，真理因此受到遮掩不能顯現，故必須要以認識真理為首要。

心經　如來真實義

作　者：吳耀宗
出版者：本心講堂
地　址：台南市南區中華西路一段五十巷一號
電　話：（〇六）二六四二一五一
手　機：〇九三二九八八四〇三
出版日期：中華民國一〇七年二月
售　價：三〇〇元
初　版：一〇〇〇本

國家圖書館出版品預行編目（CIP）資料

心經 如來眞實義／吳耀宗作. -- 初版. -- 臺南市：本心講堂, 民 107.02

面；　公分

ISBN 978-986-90567-4-8(平裝)

1.般若部

221.45　　　　107001104